SHODENSHA SHINSHO

未来の大国

――2030年、世界地図が塗り替わる

浜田和幸

JN196799

祥伝社新書

はじめに

二〇一九年夏、制裁と報復の応酬《おうしゅう》合戦にエスカレートした米中の貿易摩擦が、世界経済全体を揺るがせた。米中それぞれが報復措置をアナウンスするたびに、世界中の市場で株価が暴落し、金利や為替が激しく変動した。日本も例外ではない。日経平均株価は二万円台割れ寸前まで下落するほどであった。こうした事態を受けて、メディアは米中二国間の「貿易摩擦」ならぬ「貿易戦争」と表現した。

かつての米ソ冷戦を彷彿《ほうふつ》とさせる今回の「米中貿易戦争」が象徴するように、現代の世界はアメリカと中国という二大超大国が政治・経済・外交（軍事）で主導権を握っている。この米中二極体制を、アメリカでは「G2」もしくは「チャイメリカ」（Chimerica）と呼ぶ。ちなみに「G2」の「G」は「Great Power」（グレート・パワー）すなわち「強大な力」のことで、主要国首脳会議「G20」の「G」とは異なる（こちらは「Group of Twenty」）。

しかし、米中で世界を二分するような時代は終わる。アメリカも中国も、それぞれ国家としての弱点を抱えているのと同時に、かつてのＢＲＩＣＳ（ブラジル、ロシア、インド、中国＋南アフリカ）に伍《ご》す新興国の成長が著《いちじる》しいからである。それらの新興国は「未来の大国」となりうるポテンシャルを秘めている。世界は「Ｇ２」から「Ｇゼロ」の時代に移行するのである。

さらに「国家」の概念すら変わってゆくだろう。従来、国家とは「領土・国民・統治機構」が構成三要件とされてきた。しかしこれからの世界は、国民（住民、消費者、有権者）自《みずか》らが、どの町で、どの国で、どういう世界で生きていくのかを選べる時代になる。本文で述べるように、ビル・ゲイツ氏は仮想空間上での国家建設を標榜《ひょうぼう》しているが、すでに二〇一五年、インターネットを通じて市民権を得られる「リベルランド自由共和国」という直接民主制国家が登場した。「超国家」の時代が到来するのである。

日本は「未来の大国」と、どう付き合うべきか。そして世界はどう変わってゆくのか。本書は来《きた》るべき世界を予測する〝未来の世界地図帳〟である。

二〇一九年九月

浜田和幸《はまだかずゆき》

目次

2章　世界覇権と「現在の大国」　145

3章　日本の潜在力　199

終章　超国家の時代　223

本文写真／著者
編集協力／五反田正宏

序章　「未来の大国」とは何か

トランプ政権との蜜月は日本の安泰につながるか

二〇一九年五月、令和初の国賓《こくひん》として、アメリカのドナルド・トランプ大統領が来日した。日本は――というか安倍晋三《あべしんぞう》総理はゴルフに相撲観戦にと、下にも置かない最高のおもてなしをした。トランプ大統領と安倍総理の間には個人的な信頼関係もあり、波長が合うらしく、非公式の夕食会も含めて長い時間を共有していた。

両国の関係の蜜月をアピールすることにはなったけれども、それで本当に日米関係がより良好な方向に行く絆《きずな》が生まれたのかというと、そう甘くはない。

翌六月、安倍総理は、「険悪となったアメリカとイランの橋渡しをするのだ」と意気込んでイランに出かけて行った。日本の総理としては実に四一年ぶりのイラン訪問だったが、これは「イランとの戦争は望んでいない」という本音を伝えるようトランプ大統領に要請されたためとされ、長年イランとの良好な関係を築いてきた日本にとっては、「アメリカ寄りに方針転換した」と見られるリスクを押してのことでもあった。

安倍総理がイランの最高指導者ハメネイ師と会談をしている最中、ホルムズ海峡付近で日本の海運会社が運航するタンカーが攻撃される事態が起こった。

アメリカは即座に、「これはイランの『イスラム革命防衛隊』(イラン革命で国軍とは別に組織された精鋭組織）による仕業《しわざ》である。証拠の映像もある」と発表したが、イランの立場で考えると、歴史的にもつながりの深い日本からわざわざ総理が来ている時期に、日本籍のタンカーをあえて攻撃する理由はない。

あるとすれば、イランとアメリカとの対立を利用し、「この際イランを潰《つぶ》してしまおう」といった魂胆《こんたん》で、サウジアラビアとかイスラエルといった国が背後で暗躍したと考えるほうが辻褄《つじつま》が合う。しかし日本ではなかなかそういう見方にならないのである。

日本は、「安全保障上の危機的状況が発生すれば、必ずアメリカが飛んできて守ってくれる、日本のために血を流して戦ってくれる」という幻想の下《もと》、日米安保体制を大事にしてきた。アメリカとの関係が大前提であり、それ以上深く考えてこなかったのだが、果たしてそれでいいのだろうか。

現在のトランプ政権の実態を見ると、そんな日本人の勝手な思い込みをうまく利用して、アメリカに有利という以上に、トランプファミリーにとって有利なディール（取引、交渉）を積み重ねていることが客観的に見て明らかである。

それなのに、政府にもメディアにも「アメリカは日本にとって最大の同盟国でもっとも重要なパートナー」という固定観念があり、どうアメリカのご機嫌を損《そこ》ねないようにすればいいのかということに汲々《きゆうきゆう》としている。

「新しい時代の大国」を見抜く意味

日本は、相変わらず世界の超大国はアメリカだと思って「寄らば大樹の陰」を決め込んでいるけれども、中国がアメリカに対して挑戦を始めていることは周知の事実である。

これについてアメリカは「知的財産権を侵害したり、スパイを使ったり、そういう非合法な手段でアメリカの先端技術を盗んでいる」との言い方で、敵意を隠さない。

トランプ大統領もペンス副大統領も、中国を今ならまだ潰せると思っている。だが、それはアメリカの情勢分析の裏返しでもある。

つまり、あと五年もすれば中国にはかなわない、とくに5Gをはじめとする先端技術が軍事的に応用されるようになると、AIであれ無人のドローンであれ、また宇宙戦争を意図した宇宙開発の技術までも、アメリカの優位はなくなる、中国に容易には勝てない状況になりかねない——と危惧《きぐ》しているのだ。

一九六〇年代から一九九〇年代初頭にかけての東西冷戦の時代は、アメリカを中心とする自由主義陣営か、ソビエト連邦（ソ連）を盟主とする社会主義陣営かのいずれかに属していることが安全保障上、必須だった。この構造が崩れてからも日本は唯一の超大国、アメリカに寄りそっていたのだが、もはやアメリカはその任に堪《た》えられなくなっている。

だからといって、次の時代の「用心棒」を探して守ってもらうのが正解だろうか？　私はそうは思わないし、多くの方も、そう思わないことに同意してくれるに違いない。

では、どうするのがいいのか。私は、価値観を共有できるような国、それはアメリカだけというのではなく、ほかの国に影響力を与えられる国々と独自に、相互に良好な関係を築いていくことだと考えている。それがエネルギーをはじめとする資源や食糧、労働力なども含めた、これからの時代の安全保障となる。

日本が将来にわたって繁栄していくためには、「新しい時代の大国」に今からきちんと注目し、しかるべき投資をして、しかるべき人間関係を築いていくことが必要だと思う。

旧来の大国から未来の大国へ

従来の大国の定義としては、国土が大きくて人口が多く、経済力、軍事力も強大で政治的な影響力が大きいといった条件が挙げられるだろう。先述のとおり、東西冷戦の時代はアメリカとソ連という二つの超大国が覇《は》を競い合ったが、ソ連の崩壊後は多極化してきた。G7と呼ばれたフランス、アメリカ、イギリス、ドイツ、日本、イタリア、カナダの先進7カ国が大国という立場だったが、やはりアメリカが最強の地位を維持していた。

しかし、現在のアメリカの状況や、近未来の世界における力関係を見ていくと、国土が広いとか人口が大きいというだけでは、大国の定義として不十分だと気づく。

「暮らしている人たちの満足度が高い国」をその条件に加える必要がありそうだ。すなわち「その国で生まれて、暮らして、働く充実感があり、満足感や幸福感の高い国」である。


かつてのアメリカはそうだった。「アメリカ人になりたい！」という移民を世界中から引き寄せて、さまざまな国から来た人々に自由と民主主義、経済的な繁栄を提供してきた。その意味でも真の大国と言えたと思う。しかし、今のアメリカはどうだろう。

「移民は潜在的なテロリスト」であるとか、「留学生は潜在的なスパイ」と、異なった価値観や異なった宗教の人たちを排斥《はいせき》する、ごく偏狭《へんきょう》な国になってしまった。

私はアメリカで仕事をし、博士号を取ったりして八年近く生活した。今から三〇年ほど前のことである。当時はまだ、中東のイスラム諸国からの留学生も歓迎されていて、それこそイランからもイエメンから来た学生もいた。アフリカからもたくさん留学生を受け入れていた。それが今では、「アメリカ・ファースト」に流されて、異分子を排除することに必死になっている。

しかもアメリカ国内で極端な分断化が進んでいる。一％の超富裕層と九九％の貧民とまで言ってしまうのはオーバーかもしれないが、そう言いたくなるほど、年を追うごとに貧富の差が激しくなっている。一方にトランプ大統領に代表されるような、ビジネスや投資で功成《こうな》り名を遂《と》げた人たちがいて、もう一方には底辺で日々の暮らしにも困窮する人たちがいる。アメリカ野党の民主党は、そんな貧しい人たちを社会主義的な政策で結集しようと動いている。

こうして極端な右寄りと左寄りの二つに分断されてしまったアメリカは、大国どころか一つの国家としての体《てい》をなしていないといった状況になっているのである。

国土が広大であるだけに、州によって、また都市によって、今はまったく状況が違う。それこそ、「ラストベルト」(Rust Belt) と呼ばれる中西部から北東部の、鉄鋼や石炭、自動車などの主要産業が衰退した工業地帯と、ハイテク産業やエネルギー産業で繁栄するカリフォルニア州やテキサス州では同じ国とは思えないくらいの差がある。

私たちはアメリカを一つのまとまった国家として捉《とら》えがちだが、そうではない。メディア戦略の巧《たく》みさと過去の遺産がうまく混じり合って、今もアメリカに対する信頼や期待値が高いのだが、アメリカの標榜してきた価値観が、急速に崩壊していることを冷静に判断する必要がある。

都市・企業・個人の力を組み合わせて国家を超える

むろん日本も「未来の大国」を目指すべきである。それには「未来の大国」とはどういう国なのか、そのために何が必要なのか、一〇年先、二〇年先を考えていかなくてはいけない。

今は自動車であれスマホであれ、部品を供給してくれるのは海外の協力会社であることが当たり前の時代である。グローバルなサプライチェーンを通じた、持ちつ持たれつの時代であり、製品は海外に販売していくのだから、どんな国であろうと自国だけでは繁栄できない。一つの国で世の中の流れを変えることはできない。

一方で、グローバルな企業の中には、かつての大国なみ（あるいはそれ以上）の影響力を持つものも現われているのである。だから、発想を変えていく必要がある。

具体的には、各国や各都市、各企業、各個人が持っている力を、どれだけ効果的に組み合わせることができるか、またそれぞれはどうすれば最大限に力を発揮できるか——そんな発想で国際関係を捉えていく時代だと私は考えている。

たとえば「GAFA」(ガーファ)と呼ばれるアメリカの四大IT企業、グーグル、アップル、フェイスブック、アマゾンは、ヨーロッパの先進国の国家予算と比べても、はるかに大きな資金を保有する。なまなかの中進国や発展途上国では、とても太刀打《たちう》ちできない規模である。しかも彼らのサービスによって、ビジネスのルールから私たちの毎日の生活まで根本から変わってしまったくらい、とてつもない影響力を持っているのである。

GAFAに代表されるようなデジタルプラットフォーマー(大規模なインターネットサービスを提供する企業)は、個人の消費者がどのような分野に関心を持ち、何をネットで買い、どんな記事を検索しているのかビッグデータを収集し、どんな生活を求めているのかを徹底的に先回りして、必要な情報やサービスを提供する。

こうした仕組みは、政治にも有用なものだ。国であれ都市であれ、そこに住んでいる人々の関心や、抱えている困難などをきちんと把握して、それに的確な対応をすることが政治の重要な要素なのだから。

その意味では、GAFAが確立しているノウハウを政治はもっと利用する価値があると思っている（ジョージ・オーウェルが小説『1984』で描いたような、すべての行動や思想が国に筒抜けになるディストピアには、断じてならないようにしなくてはならないが）。

ところが今、各国政府はGAFAに対して「消費者の情報を抱え込んで大儲けをしている」「広告収入で膨大な利益を上げていながらそれを還元しようとしない」「しかも税制の緩《ゆる》やかな場所に名前だけの本社を置いて、莫大《ばくだい》に儲けている国には税金を払っていない」「許せん。けしからん」という姿勢である。

新しい動きに対して、それを潰そう、あるいは規制しようという流れになっているのである。

果たしてこれは、合理的なことなのだろうか。未来を閉ざすことになってはいないかと、冷静に自問してみる必要がある。

「新しい技術」を恐がる旧来の権威

GAFAの一翼《いちよく》を担《にな》っているフェイスブックから、五〇〇〇万人もの個人情報が流出して大問題になった。それでも、世界で二四億人という利用者は逃げ出したりしなかった。

アメリカと中国を合わせた人口よりもずっと多いユーザーをつなぎとめている。それだけの力をフェイスブックは持っている。

二〇一九年六月、フェイスブックの共同創業者で会長兼CEOのマーク・ザッカーバーグ氏は、新しい暗号資産（仮想通貨）「リブラ」を二〇二〇年からスタートすると発表した。その目的は、現実の世界で送金や決済などが簡単で安全に、しかも低コストでできるようにすることだという。ザッカーバーグ氏は「写真を送るような感覚でお金も送れるようにしたい」と明言した。

世界には難民が六〇〇〇万〜七〇〇〇万人、銀行口座を持っていない人が一七億人いる。そんな人たちにとって携帯、スマホを通じてお金のやり取りが瞬時に、しかもほとんどコストがかからないでできるようになれば便利に違いない。そこでザッカーバーグ氏は、ニーズがあるし、多くの人々にとって有益だと考えたのである。フェイスブックが確立した情報のサービス網を使った新しい決済の仕組みを提唱したわけだが、社会を変える可能性があるサービスだけに波紋が広がった。

この発表の後、さっそくアメリカでは下院の銀行委員会が「これは危ない。ハイリスク、ハイリターンだ」とコメントを出した。ドルに対する挑戦と受け止めたのである。

一九七一年までは「金・ドル本位制」（ブレトン＝ウッズ体制）だったから、金一オンス（約三一・一g）は三五米ドルの固定相場でいつでも交換できた。つまりドルの価値を金が保証していたのだが、ベトナム戦争による軍事費拡大などが原因でアメリカの財政が悪化し、ニクソン大統領のときに金とドルの交換を停止した。世に言う「ニクソン・ショック」である。金による裏付けを失ったドルの価値を維持するために、アメリカは自らの国家としての威信を担保とするようになった。

国際決済通貨として、世界のエネルギー源である石油取引の決済もドルでなければできない状況を構築し、アメリカは超大国として世界に覇を唱えた。その象徴がドルの力だったのであるが、その価値はアメリカの威信が信用されるかどうかにかかっている。「金・ドル本位制」のような実体はないのだから、アメリカ政府はドルの価値をおびやかすものに神経質なのである。

フェイスブックの「リブラ」は、多くの仮想通貨と違って、ドルなど裏打ちされる資産がある仕組みなので、激しい価格変動が起こらないということである。だが、アメリカの中央銀行ＦＲＢ（連邦準備制度理事会）も、政府・議会も「ドルへの挑戦だ！」と身構えている。これから「リブラ」を潰そうとする激しい戦いが演じられることになるだろう。

日本の政府も日銀も、フェイスブックの発表を受けて警戒を隠さなかった。ただでさえ日本の大手金融機関は難しい立場にある。日銀のマイナス金利で、預貯金の利ざやが縮小して銀行は利益が上がらない。証券会社も株式や金融商品の売買手数料で稼ぐビジネスモデルがジリ貧状態である。ネット銀行やネット証券が普及して、金城湯池《きんじようとうち》と思われていた旧来の市場を失ってしまったことが大きい。

そのような状況だから、二四億人もの利用者を抱えたフェイスブックが金融や通貨の世界に参入するとなると、日本の金融機関もうかうかしていられない。「フェイスブックは危険だ」「情報管理が行き届いていないから五〇〇〇万人もの個人情報が流出した」「その後も本当に対策を取っているかどうか分からない」と、批判的なコメントに終始していた。

新しい技術を安全に柔軟に使いこなす

変化の速い現代、一〇年後、二〇年後の世界を想像することは難しい。しかし今、当たり前になっていることが一〇年前、二〇年前も当たり前だっただろうか？　二〇年前といえば、ネット通販の黎明期《れいめいき》だったがスマホはまだなく、カメラ付き携帯電話が登場してメールや写真が送れるようになったころだ。その当時、たとえば三十代後半で会社員だった人は、自分が定年を迎えようとする今、ビジネスの場面でクラウドサービスがここまで普及して仕事の進め方が一変するとは思っていなかったと思う。

つまり「世の中の流れはより便利で、より使い勝手のいい方向へ変わっていく。それも想像を超えた速度で」ということである。その流れは、どんなに「旧来の常識」を振り回しても止められない。

新しい「リブラ」のような通貨が登場するようになった背景には、ブロックチェーンと呼ばれる新しい情報技術の進化がある。ブロックチェーンについては別章で詳述するが、ネットワークでつながったスマホやパソコンで情報を共有し合う仕組みで、社会を一変させる可能性が高い。

私は「未来の大国」の条件として、ブロックチェーンのような新しい技術を安全に運用できて、なおかついかに柔軟に使いこなせるか、が必須だと考えている。文化的背景の違いを大事にしながら、よりよいものをつくろうと議論する土壌も必須である。やはり、多様性を受け入れる度量がなくては、大国とは言いがたい。

かつてアメリカは世界のスタンダードをつくる新しい技術や、新しい価値観をどんどん提供していた。それが「大国」の証左でもあった。だからこそ「アメリカ人になりたい」と世界各地から多様な人々がアメリカ合衆国を目指したのである。

マイクロソフトのビル・ゲイツにしても、アマゾンのジェフ・ベゾスにしても、世界から多様な価値観を持った多様な人種の人たちをうまくまとめて、巨大なＩＴ企業をつくりあげている。シリコンバレーで最先端のＩＴ企業を訪ねると、中国人がいたりインド人がいたり、一見して世界中から集まってきた人たちが働いていると分かる。

「未来の大国」であるための五本柱

あらためて、「未来の大国」となるための条件を提示しておこう。先に触れた内容を整理すると、私は以下の五本柱になると考えている。

・暮らしている人たちの満足度が高い
・多様性に寛容で、新しい発想や技術が生まれやすい
・新しい技術を受け入れて、安全に運用、柔軟に使いこなすことができる

・世界の人々が「あんな国になりたい」と思えるような普遍的な価値観を提示している
・「豊かさ」を実現するための資源（地下資源に限らず人的資源・観光資源なども）がある

現在の大国が、未来も大国であり続けるためにも、やはりこの五つは必須である。「この部分は明らかに欠けている」といった弱点がある場合、少なくとも現在より影響力を落とすことになるはずだ。

その意味で、今はアメリカと中国がライバル関係にあるけれども、今後もこの二国が超大国として世界を二分する「G2」時代になるかというと、私はそうならないと見ている。「はじめに」で触れたとおりである。

先述したように、アメリカでは国内が大変な分裂状況になっており、とても国家としての体をなしていない状況に陥《おちい》りつつある。環境問題のような世界的な課題に対しても、アメリカがリーダーシップを発揮して、それを克服しようとする姿勢は見えない。「とにかくアメリカの雇用が安定して、経済が発展すればそれで十分」という内向きの指向を隠そうともしていない。

それでは中国はどうか。たしかに人口は世界最大で、巨大マーケットであることは間違いない。しかし政治の運営状況を考えると、民主的とはとても言えない部分が多すぎる。チベット族、ウイグル族に対して、一〇〇万人とも二〇〇万人とも言われる膨大な人々を収容所に押し込んで、宗教を捨てさせて思想改造を行なっている。諸々《もろもろ》の現状を考えると、世界の中から「ああいう国になりたいな」と思えるような価値観を提示しているとは決して言えない。

この二国や、G7の国々が将来も大国でありつづけることができるのか。また、新しく大国が現われるならどんな国なのだろうか。

次章では、まずこの五つの観点から「未来の大国」になりうる国を紹介したいと思う。

1章

これが「未来の大国」だ

前章の結びで述べたように、私が注目する「未来の大国」を本章で一気に紹介しよう。既存の大国に挑もうとしている七つの新興国について、それぞれの野心やビジョン、大国になりうる実力などを述べていきたい。

① 北朝鮮――世界最大の地下資源が眠る

アメリカが武力行使しない理由

最初に取り上げるのは、意外に思われるかもしれないが、北朝鮮である。

北朝鮮の一般的なイメージは、〈世襲による三代目として最高指導者に就任した金正恩《キムジョンウン》委員長の独裁体制下、国際社会の経済制裁を受けて二〇〇〇万人近くの自国民が飢餓に苦しんでも、核兵器の開発を止めない〝ならず者国家〟〉であろう。親の七光りで若いころから一人だけ美食・飽食《ほうしょく》を重ねた金委員長の肥満体型は、まさに独裁国家の象徴的な存在だと思われている。

日本人の拉致《らち》問題をはじめ、深刻な人権侵害がまかり通る国としても悪名高い。現実に北朝鮮の国民が、そうした厳しい環境に置かれていることは国連の報告でも明らかである。

しかし、金正恩政権が未来永劫《えいごう》、存続するわけではない。かつての時代と違って、今や北朝鮮でも一定数の人々がスマホを使い、中国経由の情報を見たり聞いたりしている。いかに統制や圧迫をかけたとしても、都合の悪い情報をまったく遮断《しゃだん》することは不可能だから、北朝鮮の国民も、自分たちの生活が豊かになることを望まないはずはない。いつまでも今のような状況に甘んじているとはとても思えない。崩壊であれ、穏やかな変革であれ、遠くない将来、確実に変化が起こるはずである。

そうなったとき、ガラッと違う国へと衣替《ころもが》えが起こる可能性は想定しておく必要がある。近い将来、北朝鮮は大国となりうるポテンシャルを秘めているのだ。

金正恩委員長はまだ三五歳と若い。しかし、これまでアメリカのトランプ大統領と三度、米朝首脳会談を行なっている。一回目は二〇一八年六月のシンガポール、二回目は二〇一九年二月にベトナムのハノイで、そして三回目が二〇一九年六月、朝鮮半島の軍事境界線・板門店《パンムンジョム》であった。中国やロシアを外交的にうまく使いつつ、アメリカとの交渉を通じて自国の独裁体制を維持するのが目的であることは、あらためて説明するまでもないだろう。

北朝鮮は、核兵器や大陸間ミサイルの開発中止と破棄を求めた国際的な枠組みを無視、破壊するかたちで実験を繰り返しているのだから、アメリカからすると何とかしたいのは当然である。とはいえ、強硬手段に容易に打って出られない。

その理由は、アメリカの武力攻撃により韓国や日本に大きな被害が予想されるため、とされている。しかし私は〝終戦後〟のことを考えたアメリカがためらっている面も大きいと考えている。それはなぜか。北朝鮮は未開発の膨大な地下資源と、ブロックチェーンと呼ばれる分散型ネットワーク技術を持っているからだ。

レアメタルの宝庫

十九世紀から二十世紀は、鉄の生産量こそが国力そのものと目《もく》された時代である。プロイセン王国（ドイツ）の宰相、ビスマルクの「鉄は国家なり」という言葉をご存じの方も多いと思う。現在でも鉄鋼生産量が、一国の産業力や経済力を示す重要な指標であることは変わりない。

ただ、そんな鉄と同様に、近代国家、とくに現代の日本の産業を支える必要不可欠な存在となっているのが「レアメタル」「レアアース」と呼ばれる希少な資源である。前者は「希少金属」、後者は「希土類《きど》」と訳される。

レアメタルとは、地球上の存在量が少ない、もしくは採掘や精錬が困難というネックがありながら、構造材から電子・磁性材料までさまざまな場面で使われる金属のことだ。一方、レアアースとは、強力な永久磁石に必須の「ネオジム」や「ジスプロシウム」、固体レーザーや蛍光体に使われる「イットリウム」など、一七種の元素のことである。

レアアースの世界需要のおよそ半分を占めると言われる日本だが、大部分を輸入に頼っており、安定的な確保は非常に重要になる。二〇一〇年九月、尖閣《せんかく》諸島付近で起きた中国漁船衝突事件によって、中国がレアアースの対日輸出差し止め措置をとったことは記憶に新しい。全レアアースの産出量の九七％は中国が占めると言われるほど、資源量に偏《かたよ》りがあり、先進諸国にとってレアアースの安定的な確保は、産業政策にとどまらず安全保障の意味からも重要な課題となっている。

北朝鮮がレアメタルの宝庫であること、とくに中国との国境地帯にこうした地下資源が大量に眠っていることを詳細に把握しているのは、実は日本なのである。後述するが、かつて日本が朝鮮半島を併合していた時代に、徹底的に踏破して調べ上げた結果だ。

当時、着目されたのはタングステンである。これは鋼材に添加すると硬度の高い高速度鋼となって切削《せっさく》工具に使われるほか、砲弾など軍需産業にも欠かせない素材であり、世界の埋蔵量のほぼ半分が北朝鮮にあるとされる。

このほかニッケル、モリブデン、マンガン、コバルトなど、現代では家庭用の電子機器から海洋や航空宇宙用途まで使われるレアメタルがあり、さらにウランや金の埋蔵量も膨大だ。総額では七兆ドル（約七五〇兆円）を超える資源が眠っているという試算がある。

日本が徹底的に調べ上げた地下資源のデータ

北朝鮮の地下資源についてはアメリカも調査している。全米鉱山協会はロックフェラー財団から資金提供を受けて、何度も北朝鮮に現地調査団を派遣しており、一九九八年には、五億ドルの前金を払って北朝鮮での鉱山の試掘権まで入手した。とはいえ、彼らは完璧に調べ切ったわけではない。偵察衛星や資源探査衛星も使って、どこにどんなレアメタルが眠っているのか大まかにつかんでいるものの、最終的な詳細データではない。

それを持っているのが三菱《みつびし》グループなどの日本企業である。日本の統治時代、朝鮮半島で足で稼いだ情報だ。当時、調査主体となったのは南満州鉄道、いわゆる満鉄《まんてつ》だ。満鉄の設立は明治三九年（一九〇六年）、その四年後に日韓併合となり、鉄道路線を敷《し》くために、さまざまな地質調査をする過程で地下資源の宝庫であることが判明する。

ここに三菱、三井《みつい》といった大手財閥が、大きな関心をもって参画。日本政府もこれを開発できれば植民地経営の大きな力になると考えて、オールジャパン体制で徹底的に調べ上げたのだ。これが今日まで、いちばん信頼のおけるデータと言われている。

中国・丹東市から鴨緑江越しに北朝鮮を望む

アメリカも日本が詳細なデータを持っていることは察知しているから、ことあるごとに日本政府に情報の共有を持ちかけているものの、日本は今のところ、首を縦に振っていないのである。

アメリカが表向き、北朝鮮を経済制裁によって政権交代させようと動いているのは、地下資源を有利に手に入れようとしているからだとも考えられる。

全米鉱山協会が北朝鮮で活発に調査活動を

していたのは一九九〇年代のことだが、トランプ大統領は、当然、こうした権益があることを知っている。とすれば、今の米朝間の緊張が改善されると、かつてない莫大な利権を手に入れることができる。千載一遇《せんざいいちぐう》のチャンスだと考えていることはまず間違いない。

三度目の米朝首脳会談の直前、トランプ大統領は、最初の会談から一周年に当たるということで、金正恩委員長に親書を送っている。金書記長も誇らしげに「トランプ大統領からすばらしい内容の親書が届いた。すばらしい、興味深い提案があるので、これを真剣かつ慎重に検討したい」というやり取りがあった。

こうした実態はなかなか表に出てこないが、アメリカも北朝鮮との間ではディールができると踏んでいるのである。

日本にとって、最大の国民的課題は拉致被害者の救出だが、安倍総理は二〇一九年五月以降、「前提条件をつけないで金正恩委員長と会う用意がある」と発言するようになった。いわばガラッと姿勢を変えたわけである。確証がなければ、日本人の生死にかかわるような問題で、安易に方針を変えることはありえない。方針の変更には背景があり、何らかのメッセージが潜んでいると考えるのが自然だろう。これについては後でまた説明したい。

実はブロックチェーン技術に優れる

膨大な地下資源と並んで、北朝鮮が未来の大国になりうる理由が、彼らの持つブロックチェーン技術である。

近年、日本でも新しい産業として、金融とテクノロジーを掛け合わせた「フィンテック」が注目を集めている。その代表例の一つが、ビットコインをはじめとする「暗号通貨（仮想通貨、暗号資産）」だ。ネットワークでつながったスマホやパソコン上の電子信号が「通貨」として機能するために、きわめて重要な技術が「ブロックチェーン」である。

取引データを、金融機関を介さずにユーザー同士が分散して管理し合う仕組みで「分散型取引台帳」とも呼ばれる。平たく言えば、「公開された台帳をみんなが持っているパソコンの空《あ》き容量を使ってお互いに監視しましょう」という仕組みだ。高度な暗号化技術が使われた、近未来の金融に必須の技術である。

ある部分（ブロック）が破壊されたり改竄《かいざん》されたりしたとしても、お互いが網の目のようにつながっているので、他の部分が生きている限りは消失も改竄もない。誤魔化しようのないトレーサビリティがブロックチェーンの強みだ。

実は北朝鮮は、この分野のトップランナーと言っても過言ではない。国を挙《あ》げてこの分野に取り組んでおり、意図的に優秀な人材を海外に派遣している。スイスやノルウェー、ドイツといったヨーロッパの国々に優秀な人材を派遣して、ブロックチェーン技術の研究開発を進めているのである。

ブロックチェーンに関連する技術特許の大半を押さえているのは中国だ。中国の通信機器最大手、華為技術（ファーウェイ）は二〇一八年末、深圳《シンセン》、香港《ホンコン》、マカオで新しいブロックチェーンの特別区を立ち上げるなど、世界に先んじた動きを見せている。当然、北朝鮮は中国にも多くの研究者を派遣している。

北朝鮮が、コンピュータとネットワークを舞台にした軍事力に力を注いでいることは公然の秘密だから、ブロックチェーン技術に長《た》けていても不思議はない。

新しい金融技術に対して及び腰の日本

そうやって手に入れた高度な技術や人材を梃子《てこ》にして、北朝鮮が国際的なブロックチェーン開発会議を開いていることは、あまり知られていない。二〇一八年、平壌《ピョンヤン》で開催された国際会議には、世界中から多くの研究者やエンジニアが集まったのだ。二〇一九年四月にも二回目の国際会議を開いた。主催者の話を聞くと「日本からは学ぶものがないので、参加はお断わり」とのこと。それだけ自信を持ってしまっている、というわけである。

アメリカの経済制裁を受けて、北朝鮮はドルでの決済ができない。同じ問題はイランも抱えている。こうした国々にとって暗号通貨は、ドルに依存しない決済通貨になるから、その基盤となるブロックチェーン技術の開発に死にものぐるいで力を注ぐことになる。

アメリカが主導する経済制裁によって青息吐息の北朝鮮は、偽ドル紙幣をつくったり、バングラデシュの国営銀行をハッキングしたりするような方法で、苦境をしのごうとしてきたわけだが、世界をリードするための正当な方法も確保しているのである。

反対に日本は、暗号通貨のような新しい金融技術に対して及び腰だ。ビットコインの価格が急落したとか、コインチェック社で流出（盗難）が起きたとか、ハイリスク・ハイリターンで胡散臭《うさんくさ》いものといった報道のされ方をする。だから日本ではブロックチェーン技術も急速に普及することはないだろう、と世界の関係者は捉えている。

このことは、悪くすると日本が世界の新しい金融の流れから取り残されてしまうことを意味する。気がついたときには、アメリカも中国もヨーロッパも、ブロックチェーンを使った新しい金融システムが主流になっている——そんな可能性がないとは言えない。

ドルに頼らない経済圏がサイバー（コンピュータやネットワークの総体）の世界に構築されることを、私たち日本人は早急に理解して対策を練る必要があるだろう。

中国を抜きに米朝交渉が進んでいる

これまでアメリカでも日本でも、北朝鮮に対して最大の影響力を行使できるのは中国だと目《もく》されてきた。中国は北朝鮮とは陸続きであり、石油や食糧など北朝鮮が生存するために必要な物資は大半が中国から入ってきている。北朝鮮国内の経済の八割は、中国に依存していると言われていたほどである。

また、北朝鮮の核開発にも中国が深く関与したとされるので、日米ともに北朝鮮に対する交渉ではパイプのある中国の役割に期待を寄せていた。

金正恩委員長は二〇一九年六月末までに四回、訪中して習近平《しゅうきんぺい》国家主席と会っている。米朝首脳会談の開催が取りざたされていた二〇一八年三月に訪中したのが最初で、シンガポールでの第一回米朝首脳会談前と会談後、そしてハノイでの第二回米朝首脳会談前の四回である。トランプ大統領との会談前に何を話すのかを習主席に相談し、会談後はその報告であろうことは想像に難くない。

しかしハノイでの二回目の会談では、事前には訪中したものの報告には出向かなかった。中国からすると、「何で今回は来ないのか」ということになる。

そうした経緯の上で、二〇一九年六月、習主席自らが平壌に出向くことになった。これは中国とすれば、面子《メンツ》が失われることになりかねない。金正恩は三五歳の青年で、習主席から見たら自分の孫のようなものである。しかも北朝鮮の生殺与奪《せいさつよだつ》権を握っているのが自分たち中国なのに、米朝会談の報告に来ないというのは許し難いことだ、と腸《はらわた》の煮《に》えくりかえる思いをしていても不思議はない。

本来、呼びつけるべきところを、あえて中国は北朝鮮に出向いた。習主席は大変な歓待を受け、三万人も動員した人文字を目《ま》の当たりにして、それはそれで印象深かったことだろうが、もちろん歓待を受けて友好を深めることが目的であるはずはない。

習主席を北朝鮮にまで足を運ばせたのは、アメリカと北朝鮮の間で、中国を抜きにさまざまな交渉が進んでいるためである。国際間の政治経済を読むと、そう理解するのが当然である。

では「さまざまな交渉」とはどんなことだろうか。

一つには、先述した膨大な地下資源である。北朝鮮には七兆ドルもの資源が眠っている。そしてもう一つ、北朝鮮の日本海側、元山《ウォンサン》という都市にトランプ氏のホテルを建設する話が進んでいるという。

元山は観光による外貨獲得を目ざして金正恩委員長が進めている海岸リゾートで、投資を呼びかけたのである。トランプ大統領が自分でもっとも得意と考えているカジノリゾートをつくる話を持ちかけるあたり、金委員長もなかなかの手練《てだ》れである。

北朝鮮が秘める潜在的な魅力について、アメリカは中国やロシアに持っていかれないように、もちろん日本などに先取りされないように虎視眈々《こしたんたん》と狙っている――そのような動きが進んでいると理解すべきであり、実際、中国はそう考えたのだ。

北朝鮮の動向を外貨獲得から見る

これまで北朝鮮は、外貨獲得のために自国民の労働力も売ってきた。日本とロシアとの間で係争が続く北方領土では、魚の加工工場や自家発電施設の工事、運営に中国、韓国、北朝鮮の人々が働いている。私がよく訪問する中東でも、北朝鮮の労働者の姿を目にした。

たとえば、二〇二二年にサッカーのワールドカップが開催されるカタールでは、競技施設の建設やインフラ整備が進んでいる。当初、大半の労働者は近場のインドやパキスタン、あるいはフィリピンの人たちだった。ところが、日中の気温が四〇度、下手をすると五〇度近くなる酷暑《こくしょ》には〝インド人もびっくり〟で、長続きしないのだ。

けれども、北朝鮮の労働者は厳しい環境の下《もと》でも弱音を吐かないことから、非常に重宝《ちょうほう》されている。これが最近、アメリカによる経済制裁で締めつけが厳しくなったため、北朝鮮の労働者も本国に帰されるようになり、従来のように労働者を通じて外貨を得るのが難しくなってきたのである。

偽札づくりにまで手を染めていた北朝鮮は、麻薬も外貨獲得の手段に使っていた。麻薬といっても医療用のもので、医薬品としての麻薬はアメリカでも日本でも合法だ。ただアメリカの場合、北朝鮮製の麻薬が中国経由で出回っていたのである。

ところが今、米中間の貿易摩擦が熾烈《しれつ》になって、アメリカは中国からの輸入品に制限や規制を加えることになった。このため北朝鮮は、中国を経由せずに直接、アメリカに麻薬を合法的に輸出する話を進めようとしている。

北朝鮮への経済制裁を呼びかけるアメリカがそんな取引に応じるものか、と思われるかもしれないが、これもトランプ政権にとっては一つの大きなビジネスである。「医療用麻薬は例外」とするロジックを編み出しても不思議はない。

また、トランプ政権を支えている大票田の一つが軍産複合体、軍需産業である。ボーイングのような航空宇宙産業や世界最大のミサイルメーカー、レイセオンなど「強いアメリカ」そのもののような大企業が「北朝鮮は脅威だ」「中国もロシアも何をするか分からない」と危機感を煽《あお》れば、日本は二セットで二四〇〇億円もする地上配備型の迎撃ミサイルシステム「イージス・アショア」や、一機で約一〇〇億円のステルス戦闘機「F-35」を買ってくれる。彼らからすれば、こんなにおいしい話はない。

同じように、アメリカの医薬品業界にとって北朝鮮の麻薬は、ビジネスとして非常に価値が高い。アメリカの軍需産業にとってのお得意様が日本であるのに対して、医薬品業界はアメリカ国民であるところが異なるだけである。トランプ大統領としては、アメリカの医薬品業界においしい話を持って行ける、つまり支援者を増やせるということになる。

米朝トップは「ウマが合う」関係

金正恩委員長は、なかなかしたたかな人物だと私は考えている。自分の政権を守ることが最大の目的だが、アメリカ、ロシア、中国の動き、そして日本の動きを分析して、自国の〝チャームポイント（不気味さも含む）〟をどれだけ高く売るかということに、彼は天才的な能力を持っているのではないかと思う。

指導者としてのポテンシャルは、日本にいる私たちが、一般のメディアを通じて受けている印象とは違ってかなり高いようだ。そのあたりはトランプ大統領も分かっている。

一方のトランプ大統領の人物像はどうだろう。一時期、彼は「北朝鮮との緊張緩和を克服できればノーベル平和賞をもらえる」「安倍首相にノーベル平和委員会へビューティフルな推薦状を出してもらった」などとツイッターで公表していた。自分がまつりあげられることに無上の喜びを感じるタイプの人物であることは疑いようがない。

トランプ大統領は、保守的で共和党寄り、愛国主義を前面に押し出すFOXニュースが大のお気に入りである。一方、「CNNはフェイクニュースだ」「ニューヨーク・タイムズもワシントン・ポストもフェイクニュースばかり流している」と、そうしたメディアの記者を追い出したりもする。FOXニュースは彼のことをすごく持ち上げてくれるので、海外に行くときもFOXニュースを視聴できないホテルには泊まらない。

二〇一九年五月、国賓《こくひん》として来日したトランプ大統領は、東京で大手町《おおてまち》のパレスホテルに宿泊していた。本来、国賓であれば迎賓館《げいひんかん》が準備されるし、テロ対策や防護・警備の厳重さならアメリカ大使館の大使公邸となるはずだが、なぜパレスホテルだったのか。真偽のほどは定かではないけれど、FOXニュースが二四時間見られるからだと言われていた。彼にとっては最大の精神的な安定剤だというのである。

トランプ大統領は、自分がどう報道されるかを非常に気にしている。「いい評価」「いい報道」を望んでいるのは当然のこと、つねに「自分がいかに世界から信頼されて高い評価を受けているか」が気にかかる性格なのだ。

自己顕示欲が強く、自分を中心に世界が回っていると信じて疑わないといったトランプ大統領の感覚は、金正恩委員長には自分の育ってきた経緯からもよく理解できるのだ。その意味で、この二人はウマが合う。だからこそ、従来の常識や専門家の想定を超えたことが起こりうる。

金委員長としてはアメリカの力をうまく利用して、日本からも資金や技術を引っ張り出したい。そうすることで、北朝鮮あるいは統一朝鮮を世界の大国の座に押し上げるという願望がある。日本との間には拉致問題が横たわるが、「でもこれについては自分が直接関わった事件ではない」「あくまで父親の代に起こったこと」「最終的には前の代に責任がある」という理屈で収めることになるだろう。

拉致被害者は病気や事故で亡くなり、誰も生存していないというのが北朝鮮の言い分だが、額面どおりに受け取る必要はない。日本に譲歩させて資金や技術を引き出すために、もっとも効果的で最大の武器だと考えているのである。

トップの会談で一気に変わる可能性がある国

トランプ大統領は二〇一九年六月、拉致被害者・有本恵子《ありもとけいこ》さんの父親に、この問題の解決に取り組む姿勢を記した手紙を直々《じきじき》に送った。また拉致被害者の会の人たちがワシントンに行くと、大統領の職務のスケジュールを調整して必ず面会している。

そして「みなさんのため、この拉致の問題を解決するために全力で取り組む」とコメントするのだが、可能性がなければこうした動きはしない。

つまり、北朝鮮が拉致被害者の人たちを、最終的には解放する用意があることを、トランプ大統領は間違いなく金正恩自身から確認しているのだ。トランプ大統領は会談のたびに直接、金委員長に日本人拉致問題のことを伝えたと言う。そこでどういう反応があったかといった詳細はつまびらかにされていないものの、かなりの好感触があったのだろう。

前述した安倍首相の「前提条件なしで自分は会う用意がある」という発言も、トランプ大統領から直接、報告を受けて方向転換をしたに違いないと思われる。

日朝の政府間では交渉も接点もないと言われているけれども、通常の外交レベルとは違うのだ。北朝鮮は独裁国家だから、頂点の金正恩委員長がすべての権限を握っている。金委員長にしてみれば、アメリカのトランプ大統領としかこういう話し合いはできないのだ。日本にとっては今後、大きなチャンスがめぐってくる可能性があると私は期待している。

好悪《こうお》はあるだろうが、トランプ大統領だから起こりうることがある。北朝鮮の姿勢が、国際社会に向き合おうとするものへと変わってくる可能性がある。そうなると、軍事がすべてに優先していた路線を変更して、国内経済を立て直すために、経済も対等に目配りしていくことになる。その萌芽《ほうが》はすでにあり、以前は二五カ所に過ぎなかった経済特区（自由市場）が、すでに五〇〇カ所近くまで拡大するなど、国内の経済改革に積極的に取り組もうとする動きが活発化して久しい。

もちろんそのためには資金が必要だから、アメリカの経済制裁を解くためのあらゆる手段を模索しているはずである。「トンジュ」（金主）と呼ばれる新富裕層（別名、マネーの達人）は、労働党の後押しを得ながら、欧米諸国とのビジネスに取り組んでいる。

ここまで見てきたように、北朝鮮が輸出できるものはレアメタル、麻薬、労働力など多岐にわたる。加えて、これまで密かに進めてきた核開発によるプルトニウムが、北朝鮮国内に五〇トンほど保管されている。

このプルトニウムの再利用という形で、日本が北朝鮮の核物質を買い取るような提案も、交渉次第では可能になってくるのではないだろうか。つまり輸出品としてのプルトニウムである。北朝鮮は大きな資金を手にすると同時に、国際的な信用を得られるというメリットがある。

プルトニウムを再利用する技術は、アメリカが研究開発をしてきたもので、一九六〇年代から七〇年代にかけてＩＦＲ（統合型高速炉）という原子炉の実験に成功した。しかし、まだどこにも実用化されていない。

ＩＦＲは発電効率が高い上、事故などで電源を喪失しても爆発などの危険がない。もしこれを、トランプ大統領が日本と組んで北朝鮮に働きかけ、北朝鮮が応じるようなことになるとどうだろう。そう、前述のとおり北朝鮮は「大きな資金を手にすると同時に、国際的な信用を得る」ことになる。ウルトラＣに近いことだが、まったくの絵空事《えそらごと》というわけでもない。

金正恩委員長とトランプ大統領のキャラクターを分析すると、案外、あり得ないことも起こりうるのではないかと思えてくるのである。

最高指導者につながる意外な交渉カード

北朝鮮を紹介する映像で象徴的なのが、二万人、三万人が一糸《いっし》乱れず集団でダンスや体操をするマスゲームである。膨大な人数が、統率の取れた動きで肖像画を表現したりする様子は、私たちの目には奇異にも映るが、北朝鮮ならではのお家芸と言えるだろう。

そしてもう一つ、北朝鮮が得意としているのはマジックである。北朝鮮は知られざるマジック大国なのだ。これは朝鮮戦争の最中の一九五二年、建国の父・金日成《キムイルソン》の鶴の一声でつくられたサーカス団とマジック学校に源流がある。

毎年、四月一五日（金日成の誕生日である）前後の一週間は「マジック週間」となり、各地で大小さまざまなマジックのイベントが開かれている。マジック大国という異名で呼ばれる北朝鮮は、技術も高い。アメリカの有名なマジシャン、デビッド・カッパーフィールドが「すごい！　彼らは世界レベルだ」とお墨付きを与えているほどだ。

二〇一八年四月に開催された南北首脳会談の晩餐会では、金正恩夫妻と韓国の文在寅《ムンジェイン》大統領夫妻が緊張の面持ちで臨《のぞ》んだ場の雰囲気を、突然、登場した一人の北朝鮮のマジシャンが和《なご》ませたのだった。彼はテーブルに座っていた文在寅大統領の一行から五万ウォン紙幣を借りると、目の前で一ドル紙幣に変えてみせた。その後も紙幣を借りては、瞬時に一〇ドル紙幣や一〇〇ドル紙幣に変えてみせたのだ。

金正恩も妹の金与正《キムヨジョン》も大喜びである。韓国の代表団からは「すごい！　こんな人がいるのなら、北朝鮮は産品を輸出しなくても、いくらでも外貨が手に入るじゃないか。彼に頼んで全部一〇〇ドルに変えてもらえば、南北統一に必要な資金も簡単に手に入れられる！」と冗談が飛び出して大いに盛り上がったのである。

折しも二〇一八年は、「マジック界のオリンピック」と称される「世界マジック競技大会」が韓国の釜山《プサン》で開催されている。三年に一度のこの大会には五〇カ国から二三〇〇人のマジシャンたちが参加し、技を競い合った。

主催国の韓国から北朝鮮へ招請状が送られていたのだが、残念ながら、この要請に北朝鮮は応じなかった。もし北朝鮮からマジシャンが参加すれば、「マジックによる南北統一イベント」も繰り広げられる予定だったのだが。

言うまでもなく、アメリカと北朝鮮との間に国交はない。しかしマジシャン同士の交流は盛んで、実際、アメリカのマジック界の大物たちが繰り返し北朝鮮で公演をしている。

そんな北朝鮮のマジックの進化、発展には、日本人マジシャンが関わっている。日本マジック界でも大御所的な存在の安田悠二《やすだゆうじ》さんである。韓国の東釜山大学の教授を務める彼は、北朝鮮をたびたび訪問してマジックを指導してきた。先述した南北首脳会談後の晩餐会で、文在寅や金正恩をうならせたマジシャンも、安田さんの弟子である。

北朝鮮の指導者を喜ばせるという点では、金正恩が子どものころからの遊び相手だったという寿司職人が有名だが、彼だけではない。金正恩の父、金正日《ジョンイル》は二代目引田天功《ひきたてんこう》が大のお気に入りで、平壌に招待していた。現在の最高指導者・金正恩も大のマジックファンである。

日本は北朝鮮の指導者の心に直接アプローチできる、意外な交渉カードを持っているのである。

いかにしてこちら側の〝手のひら〟に乗せて操《あやつ》るか

北朝鮮は「国際社会でとんでもなく孤立した国」と思われがちだが、これには日本やアメリカが、国交がないためにバイアスがかかっている面がある。実は、北朝鮮は一六〇以上もの国と国交を結んでいるのである。ただ、近年は国連の制裁強化もあって貿易停止や北朝鮮外交官の追放なども起こっている。すなわち「北朝鮮の国際的な信用が高まる」ことは、彼らにとっても魅力ある提案になるはずなのだ。

今後、さまざまなレアメタルを本格的に開発することになると、現状では世界最貧国である北朝鮮の経済も、一挙にテイクオフすることが可能になる。

これまで北朝鮮で産出する金の最大の買い手だった中国が、そこに目をつけているのは言うまでもない。中国が唱える広域経済圏構想「一帯一路」の延長線上に、朝鮮半島を取り込もうとアプローチしている。

同様にロシアも目をつけており、シベリア鉄道を南下させ、朝鮮半島経由で日本にロシアの資源を輸送できるようにしたいと考えている。中国もロシアも、北朝鮮に熱いまなざしを向けているのである。

地下資源とブロックチェーン技術という、未《いま》だ全貌の見えない力を持った北朝鮮は、未来の大国たる資格がある。そんな潜在力の高い国を、いかにしてこちら側の〝手のひら〟に乗せて操るかも考えたほうがいい。その際、日本が持っている「対北朝鮮カード」を、もっと研《と》ぎ澄ます必要があるだろう。

② ベトナム——高度経済成長が続く親日国

人口爆発とともに増加する富裕層

二〇一八年、日本とベトナムは国交樹立四五周年を迎えた。

発展するアジアの中でも、とくに経済成長が目覚ましいのがベトナムである。投資可能な資産として三〇〇〇万ドル（約三三億円）以上を保有するベトナム人の富裕層は、過去五年間で一三％も伸びて一万人を超える勢いである。このままのペースが続くと、二〇二六年には富裕層の増加率で中国やインドを凌駕《りょうが》して世界最高を記録するとも言われている。

共産党の一党独裁体制というお国柄ではあるものの、経済政策はきわめて自由化が進んでおり、市場原理を最優先とする。したがって日本企業もたくさん進出している。

日本にとってベトナムは縁《えん》の深い国である。ベトナムの投資や会計、企業に関する法律はほとんど日本から学んだものだ。とくに力を尽くして協力したのは「大原《おおはら》簿記」として知られる大原学園グループで、ベトナムの会計制度そのものをゼロからつくったのだ。そのためもあって、日本に対する評価や信頼は非常に高い。

また、ベトナムの株式市場は野村《のむら》證券ほか野村グループが取り仕切って、今日まで牽引《けんいん》してきた。日本のさまざまな制度や仕組みを積極的に導入してくれたという経緯があり、日本企業にとっては非常にビジネスを展開しやすい。それが現在のベトナムである。

しかも少子高齢化の進む日本とは正反対で、人口増加率がとても高い。人口は間もなく一億人に達すると予測され、平均年齢は二六歳。若年人口が多く、経済も急成長を遂《と》げているので、消費意欲もきわめて旺盛だ。若い人たちが多いということは、結婚ブームであり、ブライダル産業が好調。子どもの数もとても多いため、ベビー服・子供服メーカーのミキハウスはベトナムで大きな利益を上げているという。

すなわち戦後の日本、高度成長期の日本を彷彿《ほうふつ》とさせるような活気が街に溢れている。

北部に位置する首都・ハノイや、中部で、インフラ整備が進んでいるダナン、南部にありベトナム最大の都市・ホーチミンといった主要な都市に限らず、どこを訪れても子どもの泣き声や笑い声が聞こえ、走り回るシーンに遭遇《そうぐう》する。こうした産業が盛んで若いエネルギーが溢れている国は、世界を見渡してもかなり珍しい。

国内市場が急成長を遂げているという面だけを見ても、ベトナムは未来の大国になる可能性がきわめて大きいと思われる。社会主義国だから、もともとは国営企業ばかりだったのだが、今は民営化も急速に進んでいる。しかも、インフラの整備からさまざまな製造業に至るまで、ベンチャー精神がきわめて旺盛な点は特筆に値《あたい》する。

初の国産自動車が誕生

現在のベトナムは、日本からのODAの最大の受け入れ国である。空港、港湾、高速道路などのインフラが日本の援助資金でどんどん高度化している。

二〇一九年六月、ベトナム初の本格的な自動車メーカー、「ビンファスト」の工場が完成した。近く最初のモデルとなる小型車「ファディル」が発売される予定である。いよいよ国産の自動車がベトナムを走ることになる。まさしく経済発展の象徴だ。

ビンファストを設立したのは、不動産から病院、学校ほか多くのビジネスを展開しているベトナム最大のコングロマリット「ビングループ」である。

目下、企業の設立ラッシュに沸《わ》くベトナムでは、働き手の育成が急務だが、これに寄与

ベトナムのグエン・クオック・クオン外務次官（前駐日大使）と著者

しているのが、日本の高度技能実習制度である。これは「技能実習」の在留資格で報酬を得ながら三年間実習した後も、優秀な人材についてはさらに二年間の高度技能実習ができるという制度で、日本が受け入れている国の中では、ベトナムからの技能実習生がいちばん多い。

その背景には、ベトナムが日本にとても関心を寄せていることが挙げられる。日本語を学んでいる人の数は、人口比率では世界ナンバーワン。アジアの国々で日本語を学ぶ学生はかなり多いのだが、ベトナムは突出している。

多くの留学生や技能実習生が来ているから、ベトナムの技能実習生が犯罪に巻き込まれたとか、脱走して行方が分からなくなったなどと報道されることもあるけれども、比率からするとごくわずかである。基本的にベトナムの若者たちは、仕事に対する熱意がある。しかも手先が器用で、日本人との親和性はとても高い。

ODAに関しては、象徴的な話がある。

首都・ハノイにあるニャッタン橋は、ノイバイ国際空港からハノイの中心部を結ぶ道路にあり、東南アジアでも最大級の橋で総延長はおよそ3800m。日本のODAによって、二〇一五年一月に完成した。「日越友好の橋」と呼ばれるこの橋には、何カ所も日本の国旗をデザインしたプレートがはめこまれており、そこには「この橋は日本の協力のおかげでできたものです。日本に感謝します」とよく見えるように記されている。

日本はこれまで、中国に対しても約七兆円もODA資金を投入して、北京や上海の国際空港をつくってきた。けれども、どこにも「日本のおかげです」とか「日本に感謝します」といった表示はない。

「恩は着せるものではなく、着るもの」と言うから、感謝を強要することはできないし、しないのが大人の分別というものだ。ベトナム人の「感謝を忘れない」という国民性は、私たち日本人の心に響《ひび》くことはたしかである。

逆境をバネにする負けん気の強さ

苦境をはね返す力も強い。ベトナム戦争で圧倒的な戦力を持つアメリカを相手に、粘り強く戦い抜いて、最終的には追い払っている。ベトナム戦争に至るまでも苦難の歴史だった。十九世紀末にフランスの植民地になり、第二次世界大戦では日本軍の進駐も受けた。だが、戦後になると「自分たちの国をつくろう」と、フランスに対する独立運動が激しくなる。

一九四六年一二月に、この運動をフランス軍が鎮圧《ちんあつ》しようと軍事行動に出たことから独立戦争が勃発《ぼっぱつ》した。これが第一次インドシナ戦争である。近代兵器を駆使するフランス軍に、ゲリラ戦で対抗する独立運動組織（ベトミン）の戦いが数年にわたるうち、外国勢力の援助が拡大してくる。すなわち、ベトミン軍にソ連と中国がついて武器などの軍事援助をすると、フランスにはアメリカがついて、東西冷戦の一部に組み込まれてしまうのである。

ただ、一九五〇年六月に勃発した朝鮮戦争のため、ソ連、中国、アメリカはベトナムまで手が回らなくなる。すると、ベトミン軍がフランス軍を圧倒するようになって、一九五四年に戦争は終結、フランスは約八〇年におよび植民地にしてきたベトナムから手を引くことになる。

問題はこのときの停戦協定（ジュネーヴ協定）にアメリカが合意せず、ベトナム南部に傀《かい》儡《らい》政権を樹立して分断国家となったことだ。南北統一をめぐる争いが、ベトナム戦争（第二次インドシナ戦争）へとつながっていくのである。北ベトナムは、南ベトナムに残留するベトミン支持者とともに「ベトコン」と呼ばれる南ベトナム解放民族戦線を組織し、サイゴン政権を倒してアメリカ軍を追い出した。

独立戦争（第一次インドシナ戦争）が八年、ベトナム戦争が約二〇年続き、その間、アメリカが投下した爆弾の数は第二次世界大戦期間中の三倍に達した。そのため国土は戦火の中に置かれたが、ベトナム人は強固な団結心と不屈の精神で大国を追い払ったのだ。その代償は大きく、南北ベトナムでは兵士一五〇万人、民間人二〇〇〇万人が命を失った。

一九七九年には中国との中越《ちゅうえつ》戦争があり、最近は南シナ海の資源の開発をめぐっても中国と対立しているのだが、いずれの紛争、対立を取っても最終的にはベトナム人は負けていない。絶対に降伏せず、粘り強く戦い続けてきたのである。

平均的な身長や体型、体格は小柄だけれども、凄《すさ》まじいばかりの闘争心や反骨心を秘めている。軽視したり見くびったりしてはいけない。国としても連携していくほうがいい。

相手が大国であっても怯《ひる》まない、団結して逆境をバネにするような負けん気の強さが、ベトナム人のDNAには脈々と織り込まれているようだ。こうした気概があるからだろう、新しいビジネスを立ち上げるベンチャー起業家の数がとても多いのである。既存の製造業やサービス業の後追いをするだけではなく、今や宇宙開発にも取り組む企業も生まれている。

したたかな対中戦略

私はベトナムに行くと、いろいろなところを視察させてもらっている。今、ベトナムが力を入れているのは天文台の建設だ。北部に天文台を建設中で「これからは宇宙の時代だ」「自分たちも宇宙に目を向けている」と強調する。だが、それは表向きの話で、中国の動きを常時把握するために、天文台の姿を借りてレーダー基地を強化しようとしているのである。

中国との国境地帯に足を延ばすと、土産《みやげ》物店が並び、木工品のテーブルや椅子、装飾品がたくさん売られているのだが、値段はと見るとすべて人民元で表記されている。自国通貨のドンでもなければ、ドルでも日本円でもない。中国とは陸続きで鉄道や道路も通じており、やはり影響力は大きい。中国から観光客や流通業者が訪れて、巨大なテーブルなどをそのままトラックに積んで持って帰ることができるから、中国の富裕層に木彫りの調度品や石の置物などがさかんに売れているのだ。

中国は、そんなベトナムを何とか囲い込みたい。逆にベトナムは、中国からの独立を確保したい。表向きは同じ共産党一党独裁の友誼《ゆうぎ》国であるとはいえ、何度も対立し、戦争もしてきた歴史的経緯もある。そのため、反中感情が根強い。今もベトナムではしばしば反中デモが起こっている。

それでも中国は、東南アジア諸国の中でもっとも急成長を遂げているベトナムを、どうにかして囲い込みたいという気持ちが強い。すでに、中国資本による海外における最大規模の経済特区を、ベトナムのダナンにつくっている。しかも中国発展の契機となった中国・深圳《シンセン》の経済特区と一体化するかたちなのだから、本腰を入れていることが分かる。

中国はこの特区で何を行なっているか。ベトナム企業に優先的に土地を提供して、工場を誘致しているのだ。なぜそのようなことを推進するのかというと、米中の貿易摩擦をにらんでのことなのである。貿易摩擦が常態化してゆけば、中国製品はアメリカの制裁と報復でますます高い関税をかけられてしまう。だが、ベトナム製品なら〝対中国報復関税〟

の対象にはならない。中国国内の製造業をベトナムの工場に移転させて「メイド・イン・ベトナム」にすることで、これまでどおりアメリカ市場で売れるようにしたい。それが中国の目論見《もくろみ》である。

中国にとっては、アメリカとの緊張関係が続くと、アメリカへの輸出条件が悪くなる。これは中国に進出した日本企業も同様だから、どこかアジアの別の国への移転を検討する。その際、陸続きで、技術力もある程度高くなってきたベトナムが候補に挙がる。そのため日本企業も中国からベトナムに拠点を移しつつある。中国の人件費が高騰し始めて以降、この動きは顕著になっていたが、二〇一八年からの米中貿易摩擦で、さらに拍車がかかっている。

中国政府はその先回りをした。ベトナムに経済特区をつくり、中国の民間企業の利益を守るためにベトナムを利用しているのである。

ベトナムとしても、そう悪い話でもない。中国がベトナム国内に特区をつくって投資をしてくれて、しかも雇用も確保してくれるのだ。見方を変えれば、進出してきた中国企業を囲い込むことで、万が一、中国との関係が悪化しそうになったときにも交渉が有利に展開できる。ベトナムはベトナムで、そういう思惑がある。中国の置かれた立場を把握したうえで、米中対立による漁夫の利を得るという発想である。
ベトナムは、きわめてしたたかな対外戦略を考えているのだ。

ハノイで米朝首脳会談が開催された理由

アメリカは、自分たちのライバルで最大の脅威となるのは中国だと考えているから、米中関係にベトナムが果たす役割の大きさをとくに注視している。

ご承知のように、アメリカが提唱する「インド太平洋戦略」は中国包囲網にほかならない。中国の動きを抑制するための戦略である。

中国と国境線を接するベトナムは、一九七九年に中越戦争を戦った。数に勝る中国軍は一息で制圧できると攻め込んだが、大きな損害を出して一カ月ほどで撤退している。歴史が証明するとおり、ベトナム人の耐久力や闘争心が発揮されたのだった。

かつて世界最強のアメリカ軍に徹底的に抵抗して、最終的には追い払ったベトナムを、アメリカは中国を牽制する味方に引き込もうとしているのである。

二〇一九年二月の米朝首脳会談がハノイで行なわれたことでも、ベトナムは注目を集めた。なぜ、この世界的にも注目される会談の場所を提供したのかと考えると、ベトナムのしたたかな外交手腕の一端が見えてくる。ベトナムと北朝鮮は、同じ社会主義国で国交もある。北朝鮮としては訪問しやすい国なのだ。金正恩委員長も「ベトナムのドイモイ（刷新）政策、自由化に学べ」と号令をかけているほどだから、市場経済の下で成果を上げているベトナムはモデルになりうる国でもある。

一方のアメリカにとってはベトナム戦争の交戦国だが、経済交流が進むとともに関係が改善。中国を牽制するためにも、良好な関係を保っておきたい。

ベトナムとしても、アメリカとの良好な関係をアピールする意味は大きい。中越戦争で攻め込まれた記憶は未だ消えず、南シナ海の南沙《なんさ》諸島などをめぐる領有権争いを抱える中国に対して、やはり牽制になるからだ。

旧ソ連やロシアの影響が残る

今のベトナム政府の指導層、政権中枢で党の幹部になっているのは、ソビエト時代にモスクワに留学した人たちである。だが、ベトナムが「ドイモイ政策」を掲げて独自の改革・開放路線に転じたのは、ソ連崩壊前の一九八六年のことだ。

ベトナム戦争で国中を破壊され、疲弊した食糧不足に悩む貧しい国だったのだが、この改革で社会主義政策を緩和し、市場経済の導入へと舵《かじ》を切った。その成果は一九九〇年代から現われ、二〇〇〇年代に入ると平均経済成長率は一〇年間で一年あたり七・二六％を記録。一億に迫る人口は有望な市場であるとともに、豊富な労働力を抱えた生産拠点となった。

前述のとおり、ベトナムの国費留学生のほとんどは旧ソビエトに留学しており、今もロシアに留学するケースが多い。やはり共産党、本家本元との〝赤い絆《きずな》〟は断ち切れていないわけである。

中国ともそれなりに、つかず離れずの関係を維持しているけれども、戦争の記憶や領有権問題から不信感が拭《ぬぐ》えない。やはりベトナムにとっては「モスクワ、ロシアこそ自分たちの原点」という思いがあるようだ。

ソ連時代の〝遺産〟を捨て去ったわけでなく、今もロシアとの経済的、文化的つながりはとても強い。ロシア資本のデパートもあるし、ロシアのサーカスを常時見せてくれる施設もある。毎年のようにロシアの物産展が開催されている。ロシア人の観光客も多く、ロシア語の看板もよく目にする。

象徴的なのは、ロシア政府観光局でアジア全体を統括している「アジア本部」がハノイに置かれていることだ。東京やバンコクではなく、ハノイなのだから、ロシアとベトナムの縁の深さが垣間《かいま》見える。ベトナムの富裕層がロシアを訪れるので、ロシア側の力も入ろうというものだ。ロシアにとってベトナムは、ＡＳＥＡＮ進出の橋頭堡《きょうとうほ》なのである。

現在のロシアとのパイプも、きわめて緊密である。両国間の貿易も拡大の一途で、二〇二〇年には一〇〇億ドルの大台に達する勢いだ。ベトナム各地でロシアの影響を感じ取ることができる。鉄道や発電所も、いちばん力を入れて支援してきたのが旧ソ連であった。そのためと言っていいのだろうが、日本や中国に比べるとベトナムの鉄道は旧式で、線路の状態も悪く、ひどく揺れる。

南北に長いベトナムで、北部の首都ハノイから、中部のダナンやフエを経て、南部のホーチミンまでは約一七〇〇㎞。日本で言えば青森から博多ほどの距離である。これを日本の新幹線のような高速で安全な鉄道で結ぶことができたら、ベトナムがさらに発展することは明らかだ。ベトナムでの高速鉄道の整備は、日本が果たすべき大きな役割であろう。

また、ベトナム軍の戦闘機や潜水艦は、ほぼ一〇〇％ロシア製である。ただ、ロシアとベトナムの間の軍事的な交流は盛んだが、昨今は前述したように、目の前の南シナ海で中国が軍事拠点化を進めている。場合によってはシーレーンを中国がコントロールするかもしれないという状況になっているため、ロシアとだけではなく、アメリカとの関係も強化し始めている。

すなわち、アメリカともロシアとも巧みな外交、安全保障の連携を図《はか》っている現状がある。中国の海洋進出に関して、アメリカやロシアはどう防ぎ、対抗しようとしているのか、ベトナムが持つ情報は日本にとってもきわめて価値の高いものだ。日本としても、もっとベトナムとの連携を進めるべきだと思う。

「チャイナプラスワン」の代名詞

中国が経済発展を遂げたのは、膨大な人口と安い人件費によって、世界中の製造業が生産拠点を置くようになったからだった。大量生産が可能で、破壊的な低コストで製品ができるとあって、「世界の工場」と呼ばれるまでになり、飛躍的な成長を遂げたのはご承知のとおりである。

だが、中国国内の賃金水準が上がってコスト削減のメリットは低下した。さらに知的財産の窃取《せっしゅ》問題や人民元の切り上げなど、さまざまなリスクが取りざたされるようになっている。しかも中国共産党の一党独裁だから、いつ経済政策の風向きが変わるか分からない。

この一〇年くらいの間に、そうしたカントリーリスクが顕在化して、世界諸国は「中国だけに依存するのは危険だ」と考えるようになった。リスクヘッジのために、中国以外にも拠点を置く経営戦略が「チャイナプラスワン」だ。これが今、中国に進出した企業の動向となった。

この「チャイナプラスワン」の代名詞とも目される国がベトナムである。最大の強みは政権がきわめて安定していることで、経済成長路線にも不安がない。二〇一九年のＧＤＰ予測は六・七％と、高い水準で推移している。インフレ率、失業率とも四％を下回る状況なので、アメリカから見ても日本から見ても優等生である。

もちろん地上に桃源郷《とうげんきょう》は存在しないから、まったく問題がないというわけではない。ハノイやホーチミン、ダナンといった沿岸部の大都会は非常に豊かで繁栄しているものの、内陸部の山岳地帯に行くと様相は一変する。五四の少数民族がいると言われ、彼らの生活環境は、繁栄から取り残された状況にある。

もちろんベトナム政府もそのことは承知しており、地方と都会との格差をなくそうとしている。一九九八年に「地方改善135計画」を打ち出し、全国四六省で一三五の地域の経済発展や教育、医療環境の整備を進めているところである。二〇二〇年は、プロジェクトの最終年にあたるため、非常に力を入れている。

急速に富裕層が増えてきた一方で、取り残された国民の生活をどれだけ早くレベルアップできるか、貧富の差を埋めていけるのかが政府最大の課題となっている。それでも、国全体で見ると貧困率は一・五%とされ、周辺の東南アジア諸国と比べると、きわめて恵まれている。実はその貧富の差を埋める過程で、日本からのＯＤＡや技術移転が大きな役割を果たしているのである。ベトナムが日本の経済支援に謝意を表していることは、先に紹介したとおりである。

経済成長と新サービス

そんなベトナムの成長を支えているのが、先に紹介したビングループである。病院、不動産、ショッピングモールなど、大規模に事業を展開するベトナム最大のコングロマリットで、冒頭でも触れたとおり、初の国産自動車会社「ビンファスト」も立ち上げ、北部のハイフォンに工場を建設。二〇二〇年には一二のモデルを販売する予定である。

またスマホの製造も手がけており、韓国のサムスンに対する最大の供給メーカーになっている。あまり知られていないことだが、サムスンの成長にはベトナムのビングループの寄与が大きかったのだ。当然、ビングループからすると「いつまでも下請けの座に甘んじていたくない」という思いが強くなってくる。おそらくこの一、二年のうちに、自社ブランドで国際市場に打って出るのは必然と思われる。

人口が多く、経済発展の真っ最中だけに、都市部の交通渋滞は苛烈である。そんなベトナムで、今、急速に普及しているのが、バイクや自動車の配車サービスと相乗りサービスだ。世界的に有名なのはアメリカの「ウーバー」だが、ベトナムでは「ファストゴー」と呼ばれる配車アプリが主流で、スマホに入れてみんな使っている。

この配車サービスでも、とりわけ重宝されているのがバイクタクシーだ。もちろん普通の四輪車のタクシーもあるのだが、料金が安く、渋滞に強いので目的地まで最短で到着できるバイクタクシーの人気が高い。ヘルメットの色が緑の会社と青の会社が大手二社だ。

スマホでバイクタクシーが呼べる「ファストゴー」は、ＱＲコードで料金が支払える。観光客だけでなく、地元の人にとっても非常に利便性の高いサービスなので、あっという間に普及した。また運転手にとっても「ファストゴー」にはメリットがある。運転手からはコミッションを取らないのだ。その代わり、一日の売り上げが一定金額を上回った場合に、運営側が少額をサービス利用代金として受け取る仕組みになっている。ラッシュアワーには追加料金を請求しないで、あくまで利用者が「よかった。間に合った」とチップを弾《はず》んでくれる、そのチップの存在によってサービスの質を上げていこうという戦略である。

この新サービスを運営するのは、ベトナムのIT企業グループ「ネクストテック」傘下のスタートアップ企業で、アメリカや韓国からも相当の資金調達をしている。二〇一八年にサービスを開始するやベトナム国内を席巻《せつけん》、そのノウハウを活《い》かしてミャンマーとシンガポールへも進出した。さらに、インドネシアほか周辺の東南アジア諸国はもとより、「ウーバー」の本拠アメリカや南米のブラジルまで進出する計画を着々と進めている。

このような次世代の産業の育成に積極的に関わっているのが「ビナキャピタル」というビングループの一翼を担う会社である。資金を提供する彼らが、「アメリカ発のウーバーを追い抜け」「シンガポールに負けるな」と檄《げき》を飛ばしている。

シンガポールは、アジアでは交通機関のシェアリング（相乗り）がもっとも進んでおり、自動運転バスの実証実験を始めるなど、新技術や新サービスへの法整備は世界でもトップクラスだ。すなわち「競争相手に挑戦することで自分たちも成長できる」というのがベトナム側の発想だ。ベトナム人の強みは、新しいものに挑戦していく戦略的なマインドにある。彼ら自身がそう考えているのである。

ベトナム周辺の東南アジアには、この「ファストゴー」が今、急速に広がりつつあり、アジアの若い消費者を取り込む戦略が着実に成果を上げている。ベトナムのそんな若々しい挑戦の気持ちは、日本としても大いに学ぶべきではないだろうか。

ハイテク分野で世界ナンバーワンを目指す国家戦略

ベトナムは今、ＩＴ産業の育成に力を入れている。二〇一二年に打ち出した科学技術に関する国家戦略では、「二〇二〇年までにＧＤＰの四五％をハイテク産業によって生み出す」というきわめて野心的な目標を掲げた。この方針の下で、情報技術省という役所が国内のＩＴ産業の育成を強力に支援しているのだ。

もともとベトナムの人たちは新しいものが好きだ。先述した「ファストゴー」の普及はその一例と言える。国内で六〇〇〇万人もの人たちがフェイスブック、ユーチューブを使っている。ベトナムはフェイスブックの利用者が世界で七番目に多い国なのである（ちなみに日本は、上位一〇カ国に顔を出さない）。

積極的に海外進出を図る「ファストゴー」に続けとばかりに、最近は「ザロ」というメッセージ送信アプリが急成長を遂げている。従来は中国の「ウィーチャット（微信）」やフェイスブックの「ワッツアップ」が使われてきたのであるが、中国やアメリカのアプリに依存することから卒業して、ベトナム独自のSNSを広めようと「ザロ」が登場したのだ。

ベトナム政府は二〇二二年を目標に、この「ザロ」を中心として国産のアプリで国内ソーシャルメディア市場の七〇％以上を押さえる方針を打ち出し、全面的に後押ししている。SNSに関連する広告収入は、ベトナムだけで毎年、三億七〇〇〇万ドル（約四〇〇億円）も発生するが、そのすべてをグーグルやフェイスブックなどアメリカの企業が独占してしまう状況を変えたいという狙いが見える。

また、これからはネット上がビジネスの主戦場になるのは明らかだ。アプリやIT技術はインフラであり、国力の指標と言えよう。

戦略を進める国家情報技術省のトップは、ベトナム最大の通信会社「ヴィッテル」の元社長である。政府がヘッドハンティングしてIT国家戦略の中心に据《す》えたのだ。

その延長線上で、すでにミャンマー、カンボジア、ラオスといったベトナム周辺の途上国にもサービスを提供する動きを示し始めた。ＩＴを武器にアジアから新しい未来の大国が生まれ、アメリカや中国、ロシアにも挑戦しようとしているのである。

こうしたベトナムの強烈な動きには、中国も恐れをなしているようにも見える。

中国ネット通販大手の「ＪＤドットコム」（京東集団）は、「ティキ」というベトナムの同業企業に出資して大株主となった。自分たちが進出するよりも、ベトナムで成功しそうなティキに投資することで足場を固めようとしているのだ。同じような動きは数多くあり、ベトナムのＩＴ産業が中国に対しても影響力を持つことを裏づけている。

ベトナム政府が温《あたた》めるのは、アメリカのシリコンバレーに匹敵し、さらにはシリコンバレーを追い抜こうとする方針である。ハイテク分野で世界ナンバーワンを目指すという国家戦略に基づき、医療や教育、農業、観光の分野でもＩＴを使った新しいサービスを開発、導入して、世界中から人や資金や技術を呼び込む動きを重ねている。

その実効は着実に現われており、二〇一八年、ベトナムの新規株式上場（ＩＰＯ）による資金調達額が、なんとシンガポールを抜いてアジアナンバーワンとなった。これは私がいちばん着目し、重視している点である。まさしく「未来の大国」としての条件を、十分備えている。

日本はどうベトナムとの関係を深めるか

ドイツ発の製造業の革新、「インダストリー4・0」（第四次産業革命）は、ビッグデータやAI、産業用ロボットなどの活用による新時代の工場や生産様式といった意味だが、これにもベトナムは大いに関心を示しており、一歩先んじる日本に学ぼうとしている。本項の冒頭で述べたように、ベトナムは会計や企業関連の法律を日本から学んだ経緯があり、「インダストリー4・0」もぜひ一緒に取り組みたいと言ってくれている。

日本はこうしたチャンスを最大限に活かし、ベトナムを将来のパートナーとして重視する必要があると思う。

最近のASEAN諸国の経済成長率は、平均すると六%ほどだが、ベトナムは六・八%と、その中でも高いレベルにある。しかもベトナムの世論調査によれば、消費者の八二%が「去年より今年のほうが個人所得が増えた」と答えている。六三%が「二〇一九年はお金を使うにはいい時期だ」との回答もある。自分たちの懐《ふところ》具合に自信を持つ消費者が六〜八割もいるのは、ベトナム経済のたくましさを示していることにほかならない。

そのお金で何を買いたいのか、何を買う予定にしているかという問いには、四〇%の人が「健康増進に役立つもの」と回答した。ベトナムでは、日本人は健康長寿というイメージが強く、日本製の食材や健康関連商品、化粧品などの人気は非常に高い。

こうした日本ブランドの評価の高さを活かして、ベトナムとの関係を深めていくことができるし、お互いに大きな意味がある。

二〇一八年一〇月、東京で「メコン東京サミット」(日・メコン首脳会議)が開かれた。メコン川流域の国々と日本で、どう協力を拡大していくかを検討する会議で、この回で一〇回目となる。安倍晋三首相とカンボジア、ラオス、ミャンマー、タイ、そしてベトナムの首脳が参加、ベトナムからはグエン・スアン・フック首相ほかが出席している。

このときの合意事項の一つに、日本が進める高度人材の受け入れの中で、「ベトナムの優秀な人材を最優先で受け入れる」という項目があった。同時に、ベトナム産の農産物の輸出拡大に欠かせない食の安全検査を改善するために、日本は一一億円の資金援助を約束している。

ベトナムでは、マンゴー、パパイヤなどトロピカル・フルーツが大量に、しかも安く生産できる。ベトナム産はおいしくて非常に人気も高いのだが、賞味期限が短いという難点があり、これを長く保《たも》てれば世界にもっと売れることになる。日本は鮮度を保持する技術や流通の効率化などで補完的に協力できるとされているのだ。

日本からはイオンがベトナムに進出して、日本のお菓子や食材などいろいろなものを売っていてとても人気が高い。逆に日本は、ベトナムのフレッシュな果物などを輸入しようと動いている。これも補完関係の一例だが、ともに成長できる可能性がきわめて高いのである。百貨店の髙島屋は上海の店舗を閉鎖し、ベトナムへの投資拡大を決めた。これまでも南部ホーチミンの髙島屋は、観光名所となるほど人気が高かったが、二〇一九年、首都ハノイへの進出計画も公表された。

③ インドネシア――二〇五〇年、世界第四位の経済大国を目指す

IT分野では世界最速で進化する国

インドネシアの人口は今、二億六〇〇〇万人。東南アジア最大の人口を抱えている。その半分――日本の人口とほぼ同じ一億三〇〇〇万人が三〇歳以下という、若い国である。

若い人口が多いということは、ツイッターやフェイスブックといったSNSの利用者が多く、日常的にITとの接点が多いことを意味する。しかも今後、ますます増える。一億

人を超えるSNS利用者の存在は、国家がビッグデータとして非常に大きな財産を抱えていると言って間違いない。

インドネシアは国としても若者たちを育成して、二〇五〇年までには世界第四位の経済大国を目指すという国家ビジョンを打ち出している。世界第四位となると、アメリカや中国は残っているとしても、そのあとに日本が三位でいられるのか……といったことは置くとして、そのくらいの経済規模を目指して果敢に挑戦しようとしているということだ。

その一里塚として「二〇三〇年までに世界のトップテンに入る」を標榜した。このように具体的な目標を掲げることは、多民族国家であるインドネシアを一つにまとめるのに、とても大きな意味がある。

根拠やビジョンもなしに宣言したわけではない。今、インドネシアではスタートアップ企業が続々と登場している。世界一スタートアップ企業が多いのは、ご承知のとおりアメリカだが、第二位がインド、そして第三位にすでにインドネシアがつけているのだ。インドネシアの二十代の若者へのアンケート調査によると、なんと五二％が「インドネシアの未来は明るい」と答えている。過半数の若者が未来に夢を持っている国は珍しい。日本ではちょっと想像できないのではないだろうか。

一万六〇〇〇もの島があり、東西の幅はアメリカ本土と同じという広大な国土だけに、ネットによる情報伝達が非常に重要になってくる。調査によると、インドネシアのハイテク関連企業の二五％は、すでにAIを積極的に導入している。タイが一七％、シンガポールは九・九％なのだから、この点でも、インドネシアはハイテクに勝負をかけようとしていることが分かる。

アメリカのコンサルティング・ファーム、マッキンゼーが最近行なった調査によれば、インドネシアにおけるeコマースは二〇一七年から二〇二二年までの五年間に、五〇億ドルから四五〇億ドルまで膨《ふく》らむだろうと予測されていた。

しかも若い人口が多いから、新しく登場するITサービスや機器を日常的に使いこなすことに慣れている。「インドネシアは、ITの分野では世界でもっとも速いスピードで進化を遂げている」とマッキンゼーは評価している。

「新幹線」導入を推《お》していた大臣の突然の死

四〇年以上前、大学生だった私は埼玉県浦和市（当時）で、インドネシアの留学生を集めて塾を運営するなど、留学生へのさまざまな支援活動をしていた。留学生たちはその後、本国に帰ってそれぞれの仕事で栄進、栄達を重ねたようだ。

その中の一人に、弁護士を経て政治家になり、経済担当調整大臣になったダルミン・ナスティオン氏がいた。日本での経験は、彼自身にも大きなインパクトがあったそうで、インドネシアの国づくりに重要な交通インフラの整備には、日本からの技術移転や技術協力が必要だと話していた。

その一つとして、首都・ジャカルタと文教都市のバンドンをつなぐ高速鉄道に、日本の新幹線の技術を導入しようと力を尽くしてくれた。日本政府による事業化調査が進められ、ほぼ日本の受注は確実と思われたが、二〇一五年、契約直前で事態は急転してしまった。中国がほとんど同じ計画書を出してきて、目の前でさらわれた形である。違いといえば資金調達と工期だった。

日本案は総事業費の七五％が金利〇・一％の円借款《しゃっかん》で、残り二五％をインドネシアが調達すること。二〇一八年から着工すれば二〇二三年に運行開始できる、というものだった。一方の中国案は、総事業費をすべて中国が用意する。金利は二％と割高だが、それも中国が負担する。すぐに着工して二〇一八年には開業できる、であった。

中国が計画書を出してきたとき、ナスティオン大臣は「中国のやり方はおかしい。技術的にも比較にならないし、アフターケアもしっかりした日本案を採用すべきだ」と動いてくれたのだが、なんと彼は最終契約の直前、三週間くらい前に突然、亡くなってしまった。

中国が契約するまでに、どういう動きがあったのかは分からない。

その後、大々的な起工式は行なわれたものの、五年以上経った今も、土地の買収すら進まず、工事はまったく進展していない。その間、ジャカルタの交通事情の改善に地下鉄をつくった。これは日本が請け負《うお》って、予定どおりに今年、二〇一九年に完成している。私も見に行ったのだが、大変好評を博していた。

中国も頼みにする交渉力

私が舌を巻いたのは、インドネシアがアメリカとの間で展開している通商交渉である。巧みな交渉を通じて、インドネシアはアメリカが要求する関税を例外扱いにさせることに成功していた。

インドネシアのルキタ貿易担当大臣は「インドネシアから輸出しているのは、アメリカでは製造していない鉄鋼製品などであることを、ライトハイザー通商代表をはじめとするアメリカ側に丁寧に説明して納得を得た」と語っている。

というのは表向きの話で、実はアメリカも、さらに中国も、インドネシアには一目置いている。なぜトランプ政権がインドネシアを関税で例外扱いにしたのか。調べてみたところ、トランプファミリーの二人の息子が、インドネシアで建設中のテーマパークに深く関わっていた。ジャカルタ郊外のリドという場所で、トランプの名を冠したゴルフ場やホテルの建設が進んでいるのを、私も見てきた。

建設の主体はインドネシアの「MNCランド」という民間企業だが、そこに大統領の二人の息子が直接関与して、水面下での利権構造ができている。そこに着目した中国政府は、リドで開発中のリゾートに五億ドルの資金提供を行なった。

中国がインドネシアにも、またアメリカにも恩を売るという戦略だが、実はこの知恵をつけたのがインドネシアだったのである。トランプファミリーを動かすことが、アメリカを動かすことになるとインドネシアが読み切っていることを端的に示している。

日本はこうした裏技には積極的に動けないお国柄だから、アメリカにとって最大の同盟国と言いながら、貿易交渉では思うような結果が得られていない。目下のところ、トランプ大統領にとって最大の交渉相手は中国であるが、彼は「中国の問題が片づいたら日本だ」と公言している。また、ツイッターでは「大部分は日本の選挙の後だ。大きな数字を期待している」と、貿易交渉が参議院選挙（二〇一九年七月）に影響するのを避けたい安倍総理に恩を売るような発信も平然と行なった。

名指しで標的にされる理由は、日本に対するアメリカの貿易赤字が、二〇一八年は六七六億ドルと、中国、メキシコ、ドイツに続いて四番目だからだが、アメリカとの交渉ではいつも押し切られているのが日本である。「自動車の輸出を減らせ」「農産物をもっと大量に購入しろ」と要求を突きつけられている。

もっとも、水面下で利権構造をつくるなど、うかつに工作すると疑獄事件として大騒ぎになるから、安直にインドネシアの真似《まね》をしなさい、とは言えないのだが。

首都移転とオリンピック招致計画

インドネシアは日本人が想像するよりも、ずっと大きな潜在力を持っている。

ＡＳＥＡＮの事務局はジャカルタに置かれており、ＡＳＥＡＮ諸国の中でも周囲を引き込む力が強いのだ。また、東西冷戦時には両陣営に与《くみ》しない非同盟運動の中心を担ってきたという歴史的経緯もあり、存在感は大きい。

天然ガスや石油といったエネルギー資源に恵まれ、アルミニウムに代表される鉱物資源、海産物、海洋資源も豊富であり、中国がとても関心を寄せている。南シナ海に近いナトゥナ諸島に海外からの投資を呼び込む特区をつくる計画があり、これに中国は熱心に応じる姿勢である。もちろん中国にとっては、一帯一路構想における「二十一世紀の海のシルクロード」の枠組みに欠かせないインドネシアの位置は重要だ。

ただ首都・ジャカルタは、世界最悪と言われる交通渋滞が日常的な過密都市なので、二〇一九年四月の大統領選挙では首都の移転計画が争点の一つだった。再選されたジョコ・ウィドド大統領は、さっそく首都をカリマンタン島東部に移転する方針を表明し、議員や国民に承認と協力を呼びかけたところである。二期目の任期が終わる二〇二四年の末までに、首都移転を完成させるとのことだ。

首都機能のどの部分を移転していくことになるのか、まだ定かではないが、行政府や教育などの中心はカリマンタン島に移すということであるから、今後、新旧の首都圏でインフラ整備などの需要が見込まれる。ウィドド大統領いわく「ジャカルタはニューヨークになり、新たな首都はワシントンD．C．になる」。総経費は三三〇億ドルという。

二〇三二年ごろにオリンピックを招致するという計画もあり、まさに日本が一九六四年の東京オリンピックで新幹線や高速道路網を整備したように、これからの首都移転は国威発揚と経済成長の契機になりうる。オランダの植民地として四〇〇年間も抑圧されていた歴史を、今まさに塗り替えようとしているようだ。

日本は防災で貢献できる

経済成長は間違いなさそうだが、二億六〇〇〇万人もの人口を抱えるだけに、今後は環境問題が浮上してくるはずである。とくにジャカルタは、市の半分以上が海抜ゼロメートル地帯なのだ。ジャカルタ市の水道の供給が不十分で、市民が勝手に地下水を汲《く》み上げて飲料水にしているために、市内全域で毎年平均一五センチという猛スピードで地盤沈下が起きている。これも首都移転の要因の一つである。

水道で供給されるのは必要量の四割ほどで、六割は地下水の汲み上げや雨水、河川の水を浄化するなどして使っている。

しかし、日本も戦後は似たような状況だったのだ。五〇年ほど前までは、東京も同様の問題に直面していた。東京の場合、地下水を人工的に補塡《ほてん》する仕組みを導入して地盤沈下を抑えたので、インドネシアはそうした日本の技術や経験を導入したいと熱望している。

またインドネシアは、火山国・地震国でもある。日本でも報道されるとおり、バリ島やロンボク島ではしばしば大きな被害が出ている。こうした防災の観点からも、日本が協力できることがたくさんある。

自然災害への対応が遅れ気味だったのは、島嶼《とうしょ》部が多いことも理由に挙げられるが、何と言っても財源不足である。そこで今、進めている国づくりでは、ＩＴ産業を通じた経済成長によって防災のためのインフラ整備まで進めていこうという計画である。

日本は災害先進国としての出番が増えていく。この意味でも日本はもっとインドネシアに関心を寄せる必要があるし、未来に関わっていく心積もりで協力すべきであろう。

④イスラエル――頭脳による超技術立国

多くの優秀な人材が生まれる理由

イスラエルはＩＴ大国、セキュリティ大国として知られる。二〇二〇年の東京オリンピックでも、セキュリティをどうするか、ハッキングやサイバー攻撃をどう防ぐか、ということに関して日本政府がもっとも頼りにしており、技術協力を懇請《こんせい》している先がイスラエルなのである。

マイクロソフトの研究開発拠点もイスラエルの港町・ハイファにあり、ビル・ゲイツ氏自身、この国が先端技術のスーパーパワーであることを公然とアピールしている。そこではイスラエルの若い優秀な人材四〇〇人が、マイクロソフトの命運を担って研究開発に従事しているという。

マイクロソフトだけではない。インテル、モトローラ、アップル、グーグル等々、半導体素子メーカーから通信機器、ソフトウェア、クラウドコンピューティングの企業群も、こぞってイスラエルに拠点を置く。ＩＴ界の「超」がつく先端企業が頼みとするくらい、イスラエルの人材はきわめて優秀で、しかも大勢いるというわけだ。

それほど多くの優秀な人材が、なぜイスラエルで確保できるのか――私は二つの大きな要因があると考えている。

一つは、国を持たなかったユダヤ人たちが、「約束の地」パレスチナに国土を得たことに始まる。六割が砂漠地帯という風土を生き抜くには、技術で環境を克服し、開発しなければならない。そのために教育と人材育成に国を挙げて取り組んだのである。

そしてもう一つが、敵対するアラブの国々に囲まれて、国防力を磨いてきたことだ。男女とも今も兵役があり、軍の中で優秀な人材の育成を徹底して行なっている。そんな二つの要因が絡《から》まり合った成果に違いない。

また、八校ある総合大学では徹底的にＩＴを学ばせる。軍に入ると、どういう技術で国を守るのか現場で徹底的に鍛えられる。さらに優秀な人材に対しては、政府が手厚い奨学金を出し、アメリカなどに留学させる。このように、頭脳の力で国力を上げていくことに集中するのがイスラエルの姿だ。いわば「中東にあるシリコンバレーの国家版」といった位置づけである。

イスラエルの面積は二・二万平方kmで、日本の四国くらいの大きさである。人口は約八七〇万人と決して多くはない。建国は一九四八年、国際連合の「アラブ国家とユダヤ国家に分割する」という決議によって、この地を与えられた経緯から、アラブ諸国の激しい反発がずっと続いているのはご存じのとおりだ。四度の戦争を繰り返し、今も緊張関係にある。

南部地区に拠点を置くネゲヴ・ベン＝グリオン大学は、イスラエル軍の特殊情報部隊のすぐ近くに立地している。イスラエルはここに「サイバー・インダストリアル・パーク」

を造って、世界中から先端技術を持った企業を呼び寄せた。優秀な人材を提供し、海外企業には税制面でも優遇をする。しかもサイバーセキュリティが徹底され、情報が漏《も》れない環境なので、世界の先端企業から高い評価を得ている。

ベンヤミン・ネタニヤフ首相は、こんな意気込みを語っている。

「インターネットの世界はワイルドで、西部劇の保安官のような存在はないから無法者が闊歩《かっぽ》している。だからイスラエルは、保安官を育成する役割を果たす」

また彼は、若者たちに向かって「既存の価値観にとらわれず、与えられた環境から自《みずか》ら外に飛び出せ」と強調していたのがとても印象深かった。

砂漠の国家なのに水問題は解消済み

サイバーセキュリティを含む軍事技術と同じ水準で、イスラエルが優れているのが水に関する技術、そして農業技術である。意外なことに、砂漠地帯でありながら農業が主要産業の一つになっているのだ。

たとえば、水滴でポツンポツンと必要な箇所に必要な量だけ滴下《てきか》することで、作物が豊かに育つ。この「ドリップ農業」をはじめとするさまざまな農業技術を研ぎ澄ましてきた。同じように水不足で悩むインドなどの国に、イスラエルの農業技術はきわめて好意的に受け入れられ、新しい海外マーケットを開拓しているのである。

私が現地で驚いたのは、ミルクの生産量が日本の乳牛の三倍という、特別な乳牛の育成が行なわれていたことだ。厳しい環境を克服しようと、従来の発想を超えた技術開発を続けてきたのだと分かる。その技術を「ぜひ日本にも紹介したい」と承《うけたまわ》っている。

また、水が少ないから水を大事にする。工場や家庭から出る排水の再利用率は八七％に達し、世界一である。世界で二番目に水の再利用率が高いのはスペインだが、こちらは二〇％前後だ。八七％もリサイクルしているとは、もはや異次元とさえ言える。このシステムには中国がことのほか関心を示し、技術協力に向けて動いている。

ぶどう畑や畜産農家などを私も見学したのだが、糞尿《ふんにょう》に始まり家庭から出る生ゴミまで、徹底的に水分をリサイクルしていた。もちろん海水の淡水化技術にも長《た》けているから、現在では水の問題はまったくといっていいほど克服された。それどころか、農業技術と同様に、水のリサイクル技術も海外に展開、提供するまでに至っている。

イスラエルは建国七〇年を経《へ》たばかりの若い国だが、この間に人口がなんと一〇倍に増えた。ＧＤＰの成長率も高く、この七〇年の間に四〇倍にまで膨らんだ。二〇一八年、一人あたりのＧＤＰでイスラエルは四万二〇〇〇ドルになり、日本の四万一五〇ドルを上回ってしまった。人口増加と経済発展を同時に可能たらしめたのも、人間にとって生存の基礎となる水の技術と農業技術を発達させてきたからにほかならない。

高度な軍事技術を民生に転換

イスラエルの軍事技術は、アメリカのように巨大な空母やステルス戦闘機、核ミサイル搭載の原子力潜水艦といった力を誇示するものではない。サイバー戦争に備えるセキュリティ技術や、逆にサイバー攻撃を仕掛ける技術、「ハーピー・ドローン」に代表される高性能な無人偵察機や世界の空港でも導入が進む高度な画像分析技術など、頭脳が決め手となっているところに特徴がある。

国が主導する軍産複合体は、研究開発費や人材の供給という点ではほとんど青天井《あおてんじょう》であるから、きわめて高度な軍事技術が育っている。逆に見れば、高度な技術はほとんどの場合、軍産複合体から生まれていると言っても過言ではない。そしてイスラエルの場合、こうした技術を軍民転換、すなわち軍事技術を民生用に転換することにとても熱心なのである。

たとえばドローンなどの無人航空機だ。二〇一九年六月、イランがアメリカの無人偵察機を撃墜したと発表して、アメリカが「公海の上空で撃ち落とすとはどういうことだ」と主張すれば、イランは「いや、我が国の領空を侵犯していた」と水掛け論が戦わされたが、無人偵察機やドローンもイスラエルのお家芸と言える。

今、ドローンは写真撮影や、農作物の管理、農薬散布といった民生用途でも使われるようになり、近い将来は荷物の配達に活躍しそうである。そんなドローンの製造と輸出に関して、イスラエルは一九八五年から（つまり三〇年以上も前から！）世界でダントツのナンバーワンの座を占めているのだ。

イスラエルの核シェルター（事務所、家庭用）

こうした技術をバックにして電気飛行機も開発している。イスラエルのスタートアップ企業で、「エビエーション」という会社は今年、二〇一九年に九人乗りの電気飛行機「アリス」をお披露目した。二〇二〇年から近距離の小型飛行機として飛ばす計画である。

また、ナノテクノロジー（ナノテク）に関する研究論文を、世界でもっとも多く発表しているのがイスラエルだ。これもやはり軍産複合体の中で育ったもので、原子や分子の大きさレベルで物質を扱い、新素材や新部品を開発する技術である。

イスラエル政府は、ナノテクの医療への応用でも超大国を目指しており、医薬品、医療器具から手術方法まで、一六〇〇近くの研究開発プロジェクトが同時進行中である。

私も何度かイスラエルの医療機関を訪問したことがあるのだが、ベースとなる技術は軍事由来であり、研究者は軍関係の人たちのスピンアウトであった。

そこでは極小のロボットが体内や血管の中を移動してがん細胞を叩くような、SF的な世界が現実化しつつある。それを裏打ちするのがミサイル開発で培《つちか》った精密技術やレーザー光の技術で、世界から大きな注目を集めている。

私がもっとも注目しているのは、砂漠の砂からシリコンを抽出《ちゅうしゅつ》してバッテリーなどに使うというものだ。「シリコン二次電池」という新世代のバッテリーである。

シリコンそのものは砂や鉱物の成分なので、地球上どこにでもある。しかし、シリコンだけを高純度で抽出するためには大量の電力が必要で、なかなか採算には合わない。ところがこの点でもイスラエルは画期的な技術を開発している。エネルギー事情や、資源の活用方法が革命的に変わる引き金をイスラエルは手に入れたことになる。

ゼロから一を産む

北朝鮮の項で述べたブロックチェーン技術でも、イスラエルが脚光を浴びる出来事があった。この技術で暗号通貨を発行するには、取引した台帳を次々につないでいく「マイニング（採掘）」という作業が必要なのだが、これはコンピュータによる膨大な計算に大量の電力を消費する。だから、暗号通貨が普及する国ほど、この電力がネックになりつつある。

実はイスラエルが最近、この問題を克服する省電力型のマイニング技術を開発したと言われるのだ。

こうした軍事関連の技術を民生に活かすにあたっては、しばしば新しい企業を興《おこ》し、株式上場によって資金調達が行なわれる。

アメリカにある世界最大のベンチャー向け株式市場、NASDAQ（ナスダック）に上場する企業の〝本籍〟を見ると、アメリカが一位、中国が二位だが、三番目につけているのがイスラエルなのだ。アメリカをはじめ、広く世界から資金調達して、軍民転換の技術が実用化される流れができているのである。

イスラエル国内にも世界中から投資が集まっている。二〇一五年では一二〇億ドルほどだったのだが、二年後の二〇一七年には約二〇〇億ドルと倍近くになった。世界中から資金が入ってきている。

先述したマイクロソフトやインテルなどのアメリカ勢はもとより、ヨーロッパからも、中国、韓国からも優良企業と投資家が殺到してきている。日本企業も七〇社ほどが進出して事業を展開し、最近の投資額は四〇億ドルで、過去四年間で一二〇%近く増加した。日本の総合商社は、すべてイスラエルに拠点を構えている。

前述したように、イスラエルの人口は九〇〇万人にも満たないが、スタートアップ企業は八〇〇〇社以上が果敢に活動している。半導体でもマザーボード（基板）でも、コンピュータやITの分野では、やはりイスラエルの頭脳は欠かせない。バイオマスや植物工場など農業分野、環境分野でもイスラエルは先進的な技術開発をつねに進めている。

さらに言おう。国民一人当たりの起業率、GDPに占める研究開発比率、また博士号、とくに理系の博士号の保有者数、彼らが申請する特許の取得数――これらのすべてにおいて世界ナンバーワンなのだ。

イスラエルの強みは、「ゼロから一を産む」という発想にある。何もない、草木も生《は》えない砂漠で水を確保し、緑を植え、頭脳を育てる。日本はゼロから一を産むのは不得手だが、一から一〇にするのは巧みで得意技だ。その意味では、日本とイスラエルは補完関係にあると言えよう。「ものづくり大国」と呼ばれてきた日本にとって、「イノベーション大国」を目指すイスラエルと手を結ぶことはきわめて重要である。

イスラエルの若者たちの間で、日本のアニメの人気は非常に高い。武士道も有名だし、日本食も好まれている。現在の駐日イスラエル大使、ヤッファ・ベンアリさんも「八〇年代にポケモンにすごくはまっていました」と言うくらい、日本の魅力は非常にアピールするものがある。ただ国同士のつながりや、企業の連携という面では、まだまだ取り組むべき課題が多いと私は感じる。

「イスラエルマネー」でアメリカは動く

アメリカとの関係はどうだろう。

二〇一八年五月、アメリカ大使館がエルサレムに移転した。アメリカがエルサレムをイスラエルの首都と認めたのである。エルサレムは、ユダヤ教、キリスト教、イスラム教それぞれの聖地であるから、イスラエルが一方的に「自分たちのものだ」と主張し、アメリカがこれを認めたことで、イスラム教を信仰するアラブ諸国が激怒し、また緊張関係が高まっている。

アメリカのこの動きは、当然、イスラエルとの間で事前に擦《す》り合わせができていたと見るのが自然だ。中東問題で、トランプ大統領はイスラエル側に立った。

イスラエルの面積は日本の四国ほどであると前述した。遠く日本からは、そんな小さな国土に軍事とハイテクの頭脳集団が集住するといったイメージかもしれない。だがユダヤの教えによる「約束の地」は、もっと広くシリアやレバノン、ヨルダンも入る。さらにはイラクの一部、サウジアラビアの一部も含む広大な土地を「約束」されているという認識がイスラエルのユダヤ人にはある。

そう考えるとイスラエルの首都移転は、国土拡張を意図し、場合によってはシリアやヨルダン、レバノンなども混乱させて、そのどさくさを潜《くぐ》り抜けた先に、はるかに何倍も大きな国土を獲得する……という長期的な戦略に基づき、アメリカと手を結んで動いている

トランプ大統領も訪れた「嘆きの壁」（エルサレム旧市街）

可能性さえありそうだ。

後述するが、目の前の地中海で石油も見つかったため、これを守るための海軍力も強化する。アメリカとイスラエルの間では軍事関係がとくに緊密で、防衛協力の特別の枠組みがある。したがって、イスラエルが望むアメリカ製の軍事技術や装備品などは、他国では考えられないほど安価で提供される。

周知のとおり、アメリカ国内ではユダヤ系の人たちが政治、金融、メディアの分野で大きな影響力を持っている。歴代のアメリカの大統領にとっては、いちばん頼みになるスポンサー筋なのだ。ユダヤ系の億万長者がアメリカにはたくさんいる。その筆頭がシェルドン・アデルソンというカジノの経営者で、トランプ大統領の最大のスポンサーだ。ホーム・デポという家電製品などの量販会社の創業者、バーナード・マーカス、ヘッジファンドで大儲けをしたポール・シンガーほか彼らユダヤ系の富豪が、やはりトランプ大統領および共和党に対して最大のスポンサーなのである。

トランプ大統領が、イスラエルと敵対するイランに厳しい姿勢を続けている背景には、イスラエルのマネーの力が動いているのではないかと考えるのが妥当だろう。

一方、イスラエルがアメリカに及ぼしうる影響力を考えると、中国はイスラエルを取り込むことで、アメリカとの貿易問題を有利な展開にしようとすることもありそうだ。

そんな企図《きと》があるかどうかはともかく、事実、中国は先述の水のリサイクル技術だけでなく、多方面にわたりイスラエルに接近している。この両国には、国主導の軍産複合体による技術開発と軍民転換という共通点があって、相性がいい。

私が見ている限りでも、この二、三年、中国は軍需関連技術を持つイスラエルの民間企業を目立たない地方都市に招き、中国のカウンターパートとなる企業との間でセミナーを開くなど、共同で事業を展開している。イスラエルのほうも同様の取り組みである。相互にこうした動きを頻繁に行なっているのは、両国の緊密な関係を物語る。

二〇一八年には、王岐山《おうきざん》副主席がイスラエルを公式訪問し、関係強化に本格的に乗り出した。中国が標榜する一帯一路でも、イスラエルは中東において枢要な位置を占めている。中国にとって、イスラエルは協力しがいのある大きな存在なのだ。

それだけではない。中国は「島を造る」という意外な技術でイスラエルと手を結んでいる。数年前、イスラエルの目の前の地中海海域で油田が見つかり、この油田開発に協力しているのである。中国は南シナ海の岩礁《がんしょう》を埋め立てて島を造り、軍事基地を建設して周辺国と軋轢《あつれき》が生じていたが、イスラエルはその技術に着目したのだった。

今までは砂漠で資源も何もない、ブレインパワーだけを頼りとしてきた国が、今後は状況が変わっていく可能性もある。巨大な資金力と市場を持つ中国とブレインパワーを誇るイスラエルが手を結ぶ動きも含めて、注視していく必要があるだろう。

⑤ イラン――「異なる価値観」を糾合《きゅうごう》する大国

自由主義国で唯一、仲のいい日本

イランの昔の呼び名はペルシア（あるいはペルシャ）である。今から二五〇〇年ほど前、紀元前六世紀に成立したアケメネス朝がペルシアの起こりとされ、アケメネス朝の後、ササン朝の時代は、シルクロードではるか遠くの日本までつながっていた。奈良の正倉院《しょうそういん》には、ペルシアから渡ってきた宝物が数多く収蔵されている。

今、対立しているアメリカよりも、はるかに長い歴史があり、豊かな文化を誇る国だ。

近代になって中東で石油が発見されると、中東産油国の石油は欧米の石油資本（メジャーズ）に押さえられてしまった。だが第二次世界大戦後に民族主義が高まり、イランは一九五一年に石油を国有化して自分で売ろうとした。これに激怒したイギリスが、イランから原油を積み出したタンカーを撃沈すると宣言し、軍艦を派遣する事態となった。

このとき、イランから原油を買おうとタンカー「日章丸《にっしょうまる》」を派遣したのが、日本の出《いで》光佐三《みつさぞう》氏だった。ずっと追跡してくるイギリス海軍を振り切って、日本に原油を持ち帰ったのだ。一九五三年のことである。孤立していたイランとしては、救いの手を差し伸べてくれた日本に多大な謝意を表した。このような経緯があり、自由主義国の中で唯一、日本はイランと仲がいい。

序章でも触れたように、二〇一九年六月、安倍首相がアメリカとの間を取り持とうとイランの首都・テヘランを訪問した。イランの最高指導者・ハメネイ師をはじめ政府要人と面会し、アメリカのメッセージを伝えたのだが、各国の指導者でもハメネイ師に直接会うことは滅多《めった》にない。安倍首相の父・晋太郎《しんたろう》氏は外務大臣時代にイランを訪問しており、そのころから個人的な接点があったのだろう（安倍首相も当時、秘書として同行している）。日本は特別な信頼があったから、ハメネイ師と会うことができたのだ。

伝統的に親日感情が強いイランは、二〇一一年の東日本大震災で、日本に対し救援物資として五万個を超える缶詰を送ってきてくれた。当時の駐日イラン大使、アッバス・アラグチ氏は、イラン人の大使館員を料理人に仕立て、何度も被災地を訪ねては、イラン料理を提供してくれたものだ。大使夫人のバハレーさんも、日本の復興を願う祈りの絵を描いて、被災地の人々を励ますのに一役買ってくれた。

その年の秋、彼は駐日大使を離任することになったので、多くの友人・知人で夕食会を開いた。親しくしていた私に、彼は「記念品として受け取ってください」と、いにしえのイラン製世界地図を持参されたのである。地図にはもちろん日本も載っているのだが、北方四島が明らかに日本の領土として、日本と同じ色になっていた。

ちなみに「アラグチ」という姓は日本語的な響きがあり、彼自身「新久地」という名刺も使っていたけれども、一〇〇%イラン人である。

一事が万事で、そうした配慮ができるのがイランの人たちなのだ。

なぜ今、アメリカと緊張関係にあるのか

そのイランが今、アメリカと対立して、軍事衝突の可能性も取りざたされるほど緊張が高まっている。現在のこの緊張のきっかけは、トランプ大統領が、一方的に「イラン核合意」から離脱し、イランに経済制裁を科すようになったからである。

この「イラン核合意」について少し説明しておこう。かつてイランが核兵器を開発しているのではないかという疑惑が高まり、欧米などはイランに経済制裁を科した。これが二〇〇二年のことである。金融資産凍結や原油取引制限などの経済制裁が続き、国民の暮らしはどんどん苦しくなっていったが、それでも核開発を止めないのは、現在の北朝鮮に似

ている。しかし、大きく違うのが、中東は世界のエネルギー源だったことだ。

中東で一〇年以上、緊張が高まり続けて、いよいよ危ないとなったときに、アメリカのオバマ政権がイランとの関係改善を図った。二〇一五年、イランの核開発を大幅に制限し、ＩＡＥＡ（国際原子力機関）によるチェックも行なわれた。その見返りとして経済制裁の解除に合意したのが「イラン核合意」である。

イランとアメリカ、イギリス、フランス、ドイツ、中国、ロシアの六カ国による国際的な合意であった。ところが、二〇一八年五月、トランプ大統領は「合意は欠陥だらけだ」と言って一方的に離脱、イランに厳しい経済制裁を科すようになった。振り上げた拳《こぶし》を下《お》ろすわけにもいかず、空母打撃群をホルムズ海峡周辺に送り込むなど緊張は高まるばかり――というのが現在の状況、まさに「今ここにある危機」である。

トランプ大統領は「ハメネイ師の個人財産を没収する」とか「彼は宗教家を装《よそお》いながら、個人資産を何兆円もの規模で隠し持っている」などと言い放っている。そうすればイラン国民の不満が噴出して、内部から政権交代の動きが出てくるはずだとの考えのようだ。

彼がどこまで本気でイランと対決するのかは分からない。そもそも「なぜ核合意から離脱したのか」も謎なのだ。

一説に「前のオバマ政権の実績はすべてひっくり返したいのがトランプ政権だ」と言われるほど、わけの分からないことになっている。

少なくともイランは核合意を守っていた。ところがアメリカは勝手に合意から離脱してしまったのである。イランからすると「冗談じゃない！　やっぱりアメリカは信用できない」となる。

そんな状況下では、日本の安倍首相がメッセンジャー役でやってきても、「なるほど、そうですか。分かりました」と話がまとまるはずもない。

中国、ロシア、インドと連携

イランは古来、シルクロードの国であるから、中国は一帯一路構想でも、ルート上の一国としてイランを重視している。「上海協力機構」への加盟も呼びかけており、イランはオブザーバーとして参加してきた。それが二〇二〇年からは、トルコとともに正式メンバーになることが決まり、準備が進んでいる。

この上海協力機構には、中国がロシアと手を結びながら、中央アジア諸国の経済をより緊密にしていくという狙いがある。最近もキルギスの首都・ビシュケクで総会があり、習近平主席、プーチン大統領、加盟国のインドのモディ首相ら、大国のトップも顔を揃えた。

イランとすれば、アメリカと緊張関係が続く中で、経済制裁の緩和を求めつつ平和を維持していきたい。そうなると、やはり中国、ロシア、インドといった国々との連携が欠かせない。イランのハサン・ロウハニ大統領は、上海協力機構の場を使って、アメリカが科している経済制裁を潜《くぐ》り抜けようと巧《たく》みな外交を展開している。

イランは中東で二番目に国土が広く、人口は八〇〇〇万人で、こちらは中東第一位という地域大国である。シルクロードの昔から東と西の中継地点として、戦略的にも通商上でも非常に重要なポジションを占める。つまり、中国の一帯一路が成功するための中東の要《かなめ》が、自分たちイランであると自負し、最大限に自分たちの力を中国に売り込んでいるのだ。交渉に長《た》けたペルシア商人の伝統はいまだ健在、と言えそうだ。

では、フランスやドイツ、イギリスなどヨーロッパの国々との関係はどうだろうか。こちらは、アメリカほどイランに批判的ではないので関係を保ってはいる。しかし、対イラン政策でアメリカに意見するわけでもなく、様子見の立場である。フランスのマクロン大統領は一五〇億ドルのクレジットラインを申し出るなど、イランに対する経済制裁の解除に前向きな姿勢を示しているが、トランプ大統領を説得するだけの熱心さはない。

そうすると、やはり力になるのは中国、ロシア、インドとなる。中国とインドは、イランにとっては大事な石油の買い手でもある。

「海賊と呼ばれた男」出光佐三氏の勇気ある行動以来、ずっと関係が良好だった日本は、イラン原油の輸入禁止を訴えるトランプ大統領の鶴の一声に竦《すく》んでしまい、しぶしぶと従っている。

アメリカに屈しない国々

注目すべきは、イランの原油を輸入する際の決済通貨である。今まで、石油取引において世界のスタンダードはアメリカのドルだった。150ページで説明するが、「ペトロダラー」と呼ばれてアメリカの強さの源泉となっていた。

今回、イランは、インドとの決済はインドのルピーで、中国とは人民元で、とアメリカのドルを介さない方向に舵を切った。要するに、アメリカの経済制裁には屈しない、と宣言したのである。

アメリカからすると、このイランの対応はますます許し難い。絶対に放置できないと激怒している。その結果、アメリカの提唱する「自由で開かれたインド太平洋戦略」の中で、イランに対する封じ込めをさらに強化しようという動きになる。

つまり中国、ロシア、インドに対して、アメリカが直接「イランではなく、アメリカのほうを向け」と圧力をかけるだろう。もちろんそのほかの国々に対しては、対イラン政策をめぐってアメリカ側につくのか、それとも中国、インド、ロシア側につくのか、という厳しいせめぎ合いが展開されることになる。

「インド太平洋戦略」vs.「一帯一路」でライバル関係にある中国はもちろん、ロシアもインドも、そんなアメリカ一国主義に対して警戒心を強めるのは当然だ。

しかも、ここに新しいプレイヤーとしてパキスタンが入ってきた。上海協力機構がイランを巻き込んでさらに強化を進めていると先述したが、その流れの中で、パキスタンがクローズアップされてきたのである。インド、パキスタン、中国。この三カ国の関係が大きな意味を持つ。

というのは、中国西部からインド洋に出るにはパキスタンを経由しなければならない。インド洋、アラビア海という「海のシルクロード」への回廊なのだ。インドもイランもまた、シルクロード上の要衝《ようしょう》である。こうした国々が、通商上の新しい流路を築いてゆこうとする動きを、アメリカが牽制する——そんな構図が露《あら》わになっている。

それだけに今後、イランの期待される役割が、ますます大きくなることは間違いない。中国は、アメリカとイランの敵対関係が強まれば強まるほど、漁夫《ぎょふ》の利を得ることになる。

アメリカの行動と思惑に対抗して

トランプ大統領の目的がどこにあるのかは謎だが、アメリカの思惑は「サウジアラビアやイスラエルと連携して中東情勢に影響力を残したい」ということである。

そうであれば、強硬派は「思うようにならないイランは潰《つぶ》してしまえ」という結論からシナリオを描く。日本は、こうしたアメリカのやり方にいかほどの正当性があるのか、もう少し客観的に考えておく必要があるだろう。

日本の安倍首相に仲介を頼む前のこと、アメリカはスイスに依頼して、イランがアメリカとの交渉のテーブルに就《つ》くように働きかけていた。これが不発に終わり、最後の頼みが安倍首相だったわけだが、これもうまくいかなかった。

こうなってくるとアメリカは引くわけにいかない。空母打撃群をホルムズ海峡周辺に送り込み、部隊をどんどん増派している。アメリカも本音の部分では、戦争には突入したくないのだろうが、振り上げた拳のやり場に困っているようにも思える。

イランに対する経済制裁は、国連の安保理でも正式には採択されていない。アメリカが一方的にイランを非難しているのだ。イランに対する一方的な武力攻撃が、国際法上、とうてい看過《かんか》されないことはアメリカも承知している。

経済制裁に関連して言えば、中国・ファーウェイの副会長兼CFO（最高財務責任者）、孟晩舟《もうばんしゅう》氏という女性がカナダで拘束された。その理由は「イランに対する非合法な部品等の提供」だった。しかし国際法を厳密に適用すると、そもそもこの経済制裁に根拠はないのである。

アメリカとしては、都合のよくないイランの動きに中国が絡《から》んでいることを名目に、ファーウェイを潰そうと動いたのだ。いわゆる別件逮捕に近い。

そんなアメリカの動きをヨーロッパはどう見ているのか。イギリスはある程度は同調しているものの、フランスやドイツは懐疑的である。

イランがアメリカに対抗して核開発を強行したり、アメリカに対するテロ行為に出たりすれば、アメリカは正当な理由をもってイランを攻撃できる。アメリカはそれを狙って挑発を繰り返しているのだ、というのがイランの見立てだろう。

だからイランとしては、その挑発には乗らない。ハメネイ師は「われわれは、アメリカとの戦争などはまったく望んでいない」と慎重な姿勢を取っている。

それでも、アメリカは軍事的な展開をするかもしれない。アメリカがベトナム戦争に介入したのは、北ベトナム軍がアメリカの駆逐艦に魚雷を発射したとされる「トンキン湾事件」がきっかけだが、後にそれはアメリカが仕組んだ謀略、いわゆる「やらせ」だったことが明らかになっている。イランは、その二の舞は避けなくてはいけない。

そのため、できるだけ自制をしつつ、中国、インド、ロシア、ヨーロッパの一部、周辺国のトルコを味方につけて、アメリカの理不尽な動きを牽制しようとしている。

そうしたイランの外交が功を奏するかどうかは分からない。イランがいくら慎重に動きを進めても、アメリカは「潰そう」と考えれば偽装工作も厭《いと》わない。安倍首相の訪問中、日本のタンカーが攻撃を受けたとき、アメリカはイランによる魚雷攻撃と発表し、ポンペオ国務長官が「これが証拠の写真だ」と、イランの革命防衛隊が不発弾を回収する映像を見せたりしていた。だが、タンカーの乗組員は「攻撃を受けたのは空から」と証言しているし、魚雷なら海面下で破損が生じているはずなのに、映像で損傷していたのは喫水線《きっすいせん》よりずっと高い場所だった。

そうした矛盾が歴然とあることを考えると、アメリカとイラン、どちらの言い分に正当性があるのか、判断に迷うところである。

日本はどう舵取りするのか

東京都港区にある駐日イラン大使館（大使公邸）では、毎年二月、イスラム革命記念日のレセプションが開かれる。

アメリカの意向に忖度《そんたく》していたのだろうか、日本の財界人や政府関係者は、数年前まであまりこのレセプションには顔を見せなかった。しかしこの二、三年というもの、日本の企業、メディア、あるいは政府関係の人たちが、立錐《りっすい》の余地がないぐらいにこの祝賀行事に足を運ぶようになっている。

アメリカのイランに対する姿勢はむしろ厳しさを増している。だが、多数の日本人がイランの祝賀行事に参加するという変化は、アメリカとイラン、どちらの言い分により正当性があるのかを考えるようになった証左と見ることもできる。また、イランの持つ資源、マーケット、あるいは周辺国に対する影響、とくに中国やイラン、ロシア、インドに対する外交努力を考えると、やはりイランは大事な国だと認識している人たちが、日本でも確実に増えてきているのである。

イランは中東の安定のためには欠かせない存在だ。歴史的な文化の力、宗教の力を糾合して、中東で大きな求心力があることは間違いない。国土、人口の存在感とともに、歴史的な力がやはり大きい。日本ではイランの持つ力をなかなか感じ取りにくいのだが、その求心力と影響力を無視することはできない。

つまり、アメリカの価値観に対して「それだけが正義ではない」と異を唱える国の中心的な存在になりうるのだ。アメリカに疑問を持つ国々を糾合していく力があることは間違いない。

アメリカが今もっとも脅威とする中国との関係においても、イランは必ず見え隠れしてくる。イランは中国の力を活かしながらロシアの力も借り、インドとも連携して、アメリカに潰されないようにしていくだろう。

イランという国は、きわめて多元的にとらえておく必要がある。その力を見くびると、非常に大きな脅威になりうることを肝《きも》に銘《めい》じておかなくてはいけない。日本はアメリカ、中国、そしてイランとの関係をどう維持できるのか。それが未来への試金石となる、と言えるだろう。

⑥ オマーン——経済特区に中国が進出

ますます高まる要衝としての重要性

オマーンは、日本ではなじみが薄い国かもしれない。

もちろん中東の一国で、アラビア半島の東端に位置しており、ホルムズ海峡からちょうど出たところ、アラビア海（インド洋）に面した国である。古くからアラビア海の航路として重要な国で、『千夜一夜物語』（アラビアンナイト）に登場する「船乗りシンドバッド」の生まれた国としても有名だ。

イランとアメリカの緊張関係の結果、中東地域の地図がメディアに載るようになったので、ご覧いただけると位置関係がよく分かる。サウジアラビアの南東に位置しており、南には内戦による「史上最悪の人道的危機」と呼ばれるイエメンがある。

イスラム教の宗派上の対立もあり、紛争の絶えない中東地域にあって、オマーンの特徴はきわめて穏やかな国民性だ。穏やかであるがゆえにサウジアラビアともイエメンとも、さらにはイラン、そしてイランと対立するクウェート、UAE（アラブ首長国連邦）といった国々とも、とても良好な全方位外交を展開している。

なぜ、このオマーンが注目に値《あたい》するかと言えば、戦略的な要衝としての地位がますます高まっているからだ。中東の石油、天然ガスは、サウジアラビア産であれイラン産であれ、あるいはカタールやクウェート産であれ、ペルシア湾からホルムズ海峡を通ってアジアに運ばれる。すなわち日本、中国ともに、エネルギー供給の成否がこの海峡の状況にかかっているということになる。

ところがアラビア海のオマーンの領海域で、石油や天然ガスが見つかった。ここで採掘すれば、ホルムズ海峡を通過することなく運べるのである。安定したエネルギーの確保に向けた戦略上、オマーンはきわめて重要な地位にある。しかも海底からの石油・天然ガスのみならず、後背地《こうはいち》の山地には鉱物資源が豊富である。海と山の資源が、きちんと開発できるとなれば、資源大国として世界に大きな影響力を持つ国になるのは間違いない。

アラブの国々はおおむね石油、天然ガス、鉱物資源に恵まれている。そのため税金はゼ

オマーンのブサイディ駐日大使（右）と公使（左）の案内でドコモ経済特区の展示を視察

ロ、教育費も医療費も無料、国民が希望すれば無償で土地が提供される、という夢のようなお国柄である。紛争や戦乱が頻発しては、それが危うくなってしまうのだが、穏やかなオマーンは平和が続き、恵まれた資源による豊かさを享受してきたのだ。

ただしオマーンの国家財政は、八五％が原油の輸出収入によってまかなわれてきた。アメリカがシェールガスを開発して以来、需要の減少から原油価格が低迷したことで、オマーンの経済は厳しい状況に直面している。二〇一八年の経済成長率は二・五％程度で、数年前に比べると急落傾向にある。失業率も上がって、国民の間に徐々に不満が高まりつつある。

救世主が出現

しかし、そこに救世主が現われた。誰かと言えば、一帯一路を掲げる中国である。

オマーンの首都・マスカットはホルムズ海峡とアラビア海をつなぐオマーン湾に面した港湾都市だ。そこから五〇〇kmほど南の東部沿岸に位置するドコモという漁村に、アラビア半島全体でも最大級の産業経済特別区をつくる計画をオマーン政府が打ち上げ、すでに中国が一兆円を超える投資を行なっている。

何もなかった小さな漁村に、大々的に石油関連のコンビナートをつくり、病院、ホテル、ショッピング街など、産業インフラと社会インフラを急ピッチで建設中だ。さらに韓国も、オマーンの戦略的重要性に着目して大々的な投資をしている。

アフリカへの進出が著《いちじる》しい中国にとっては、とくに自国の商品をアフリカに売るときの中継地になる。そのため中国の「国家発展改革委員会」が全面的に乗り出した。オマーンをアフリカ市場開拓の前線基地、輸出拠点にすべく、中国の企業を奨励した結果、自動車、家電製品から日用品などの巨大物流基地が誕生しつつあるのだ。

中国としては、とにかく投資してオマーンを抱え込む。それにより、中東の原油を安定的に確保すると同時に、中国製品やサービスをアフリカに送り込む拠点として、強烈なほど戦略的に位置づけているわけである。

一九七一年までオマーンを保護領としていたイギリスは、この国に諜報・情報収集の拠点を設けて久しい。しかも現在は、特区のドコモに、電波や海底ケーブルなどの通信を傍受する巨大な基地を設置した。

アラビア海やホルムズ海峡周辺は、海底ケーブルが集中する情報の結節点である。ケーブルが電線の場合、電流が流れると磁界が発生するのでそれを読み取ればいい。光ケーブルでもファイバーの被覆《ひふく》を剝《は》いで曲げると、信号を読み取ることができるのだ。

実はこのドコモは、イギリス海軍の拠点でもある。イギリスはアメリカ、オーストラリアと一緒に、南シナ海での中国の動きを牽制しようと新鋭の空母「HMSクイーン・エリザベス」を派遣したが、イギリス海軍史上最大となるこの空母が寄港できる基地も完成した。

オマーンは、海からインド、中国、アフリカへと、軍事的な行動を起こすには非常に恵まれた場所にある。かつて七つの海を支配したイギリスにとって、見逃すはずのない要衝であった。しかも保護領にあった歴史的経緯から、国営の「オマーン石油開発会社」にはシェル石油（ロイヤル・ダッチ・シェル）が三四％を出資、すなわち利権を所有する。イギリスにとってオマーンは、情報と石油のきわめて重要な拠点なのだ。

アメリカの影響力が皆無の新しい経済圏

今まで世界の石油、天然ガスの産出や流通は、ずっとサウジアラビアとイランが中心だったのだが、これをオマーンは、中国をバックに大きく変えることを狙っている。

現在のカブース国王は、「オマーンの持っている資源と戦略的な拠点という地理的な強みを最大限に活かす」という方針だ。一九七〇年までは父のサイード国王の政権下にあったのだが、独裁的な傾向が強かったこともあり、イギリスが背後についてクーデターを起こし、皇太子だったカブースを即位させたのである。

カブース国王はイギリスの国軍で教育を受けた経歴もあり、イギリスとの関係がとても深い。そこに中国、韓国が乗り込んできたのである。今、この地域ではアメリカの影響力がまったくない、新しい経済圏が生まれつつある状況だ。

オマーン政府は、実のところドコモの開発に際して、日本に積極的に関与してほしいとずっと言い続けていた。「日本は中東の石油や天然ガスにこんなにも依存しているのだから、オマーンの石油や天然ガスを買ってくれればホルムズ海峡の影響を受けないので安心ですよ。そのインフラ整備に、ぜひ日本もどうですか。すでに韓国や中国は進出していますよ」と、繰り返し日本政府に働きかけた。私もその交渉に何度となく立ち会ったから、彼らがいかに熱心に呼びかけたかよく知っている。

しがらみにとらわれ動きが鈍い日本

ところが残念ながら日本は、既存のサウジアラビアやカタールとの関係に縛《しば》られて、新しい関係の開拓にはどうしても消極的である。「検討します」で滞《とどこお》ってしまう。三年、四年、五年とあっという間に時間が経ってしまって、まだ何も動いていない。

二〇一八年、私がオマーンへ行ったときも「日本はいつ来てくれるのですか？」と問い詰められたのだが、まだ日本は動き出していない。

中国は「日中で協力をして、第三国市場でいろいろなプロジェクトを進めましょう」と提案しており、安倍首相も是々非々《ぜぜひひ》での対応を表明している。本章の冒頭で紹介した北朝鮮の資源もそうだが、このオマーンの資源について、もし日本が単独ではなかなか動けないのであれば、日中の枠組みで協力をするのも有力な選択肢になるのではないだろうか。

これまで日本とオマーンは、経済や文化の交流で五〇を超える覚書だけは交《か》わしている。にもかかわらず、一つも実現していない。ひどく動きが鈍いのだ。また、あまりにも従来の関係国とのしがらみにとらわれすぎている。

オマーンにはいくつかの大学や研究機関があり、アジア研究、とりわけ日本研究や中国研究を志《こころざ》している若い人たちもいるのだが、なかなか日本との交流の機会がない。日本に対する関心は高いけれども、そこに応《こた》えられないのがもどかしい。

資源があり、地理的状況も整っている。近年は少し経済成長が鈍化はしているものの、この一〇年、二〇年、きわめて安定的に成長を遂げてきている。それに、アラブ世界にありがちなある種の傲慢さを感じさせることもなく、素朴な国民性が売り物である。

日本企業の進出もほとんどないため、日本にとってはまだまだ未開の地ではある。しかし先々、オマーンは大きく飛躍する可能性を秘めている。

⑦ アフリカ連合――二十一世紀最後のフロンティア

アフリカの重要性を主張しつづけた日本

「未来の大国」の七番目はアフリカである。アフリカを一つの国家と見做《みな》すのは奇異に思われるかもしれないが、ここでは「アフリカ連合」（ＡＵ／African Union）のことをアフリカとしたい。後述するように、ＡＵはアフリカ大陸にある五五の国と地域が加盟する地域連合体である。

アフリカは「二十一世紀最大のフロンティア」と言われる。私がアフリカに着目するのは、そのフロンティアを豊かな希望の地にしていくために、日本が大きな役割を演じているからである。

アフリカの秘めたる可能性はずっと語られてきた。そしてアフリカの経済成長は、世界にとっても重要だと広く認識されている。それでもなかなか発展しなかったのは、独裁政治や政権の腐敗、内戦などが絶えなかったためだ。アジアではかつての発展途上国が、急速な経済成長を遂げつつあるのに対して、アフリカはすっかり出遅れている。

東西冷戦終了後の一時期、先進国がアフリカ支援に興味を失って〝放置〟してしまったときに、アフリカの重要性を主張したのが日本だった。一九九三年から、日本の主導でTICAD（アフリカ開発会議）というアフリカ開発に関するフォーラムを、国連および国連開発計画（UNDP）、アフリカ連合委員会（AUC）、世界銀行とともに開催している。二〇一九年七月、第七回となるTICADが横浜市で開催された。

近年はアメリカや中国も同様のフォーラムを開くようになっているが、TICADはその先駆けと言えるものだ。しかもTICADは開発に際して先進国の都合を押しつけないところに特徴がある。アフリカ各国の自発性、当事者としての参画意識と、先進国の協力関係を重視しており、この開発哲学が各国に歓迎され、受け入れられている。

日本は以前からODAを通じてアフリカ最大の援助国だったのだが、近年は中国にお株を奪われたかたちである。とはいえ、中国によるインフラ整備では「債務の罠《わな》」の批判もつきまとう。援助資金を返済できない場合、政治的に中国の影響下に置かれるのではないか、という疑念が拭《ぬぐ》えない。その点、相手の立場に立った協力、支援で日本に対する信頼は厚いのである。

アフリカの魅力や可能性を活かし、伸ばすために、日本の協力は欠かせない。パートナーシップを発揮することで、日本の存在感をアフリカで高めていけるのだ。

　TICADは二、三年ごとに総会を開いて日本とアフリカとの交流を深めている。現在はさまざまなプロジェクトを進める拠点をエチオピアにつくったところで、これからの活動が期待される。

EUを参考に発足したAU

　アフリカの開発について、少し経緯を振り返っておこう。

　一九六〇年代、ヨーロッパの植民地だった地域が、次々に独立していった。その数、なんと五四カ国である。せっかく独立したのだから、アフリカに住む人々の生活が向上できるようにお互いに協力しよう、国家の主権と領土を守るため、発言力が増すようにアフリカ諸国はまとまろう、連帯しよう――ということで、一九六三年にアフリカ統一機構（OAU）が発足した。

　だが、少なからぬ国で独裁政治や内戦などが起き、せっかくの資源も活かされず貧困や病気にあえぐ状況からなかなか脱することができなかった。OAUは内政不干渉が原則で、紛争を抑える仕組みもなかったため、ほとんど機能できなかった。

冷戦終了後、ヨーロッパでは欧州連合（EU）を発足させようとの胎動《たいどう》が始まる。一九六七年に誕生した欧州共同体（EC）をベースに、その発展形態を模索した。

それぞれの国は小さくても、全体でまとまれば経済圏として大きくなるから、国際競争でも有利になる。通貨を統一すれば物流も盛んになる。みんなで連合を組むことで平和と共存・共栄も実現する。そして一九九三年、マーストリヒト条約の発効により、EUは実現を見た。このEUを参考に、アフリカも経済統一してまとまることで発展しよう、平和を手に入れて貧困から脱出しよう、とOAUを発展解消し、二〇〇二年にアフリカ連合（AU）が発足したのである。

アフリカにはさまざまな部族対立や民族対立がある。しばしば内戦となって、多くの国民が血を流し、命を失い、大量の難民が発生する状況は今も続いている。

OAUが力不足だったことの反省から、国連のPKOに倣《なら》ってAUに「アフリカ待機軍」が創設された。地域内の紛争の予防や解決に向け、早期警戒から平和維持・調停・仲介、平和支援活動・介入などの軍事的な働きをする制度である。これまでブルンジ、スーダン、ソマリア、マリ、中央アフリカなどに、各国の軍隊や警察などで構成されたアフリカ待機軍が派遣された。和平や監視活動、ときには軍事介入が行なわれて、政情の安定化に役立っている。

ヨーロッパや中国への不信感と日本への期待

ＡＵは二〇一五年に「開発アジェンダ二〇六三」という長期ビジョンを採択している。アフリカの政治、経済、社会の展望を、二〇六三年というかなり先までまとめ、目標を掲げたものだ。これに沿って大陸全体で統合開発計画を進めようと「アフリカ大陸自由貿易地域」が決まるなど、着実に動き始めている。

こうした開発では国連の掲げる「持続可能な開発目標」（ＳＤＧｓ）が重要になってくるのだが、先に紹介したＴＩＣＡＤは、この「開発アジェンダ二〇六三」とともに「持続可能な開発目標」を強く後押ししている。

日本はアフリカとの関係を強化しつつあるわけだが、私は将来、アフリカが国際貢献や日本外交の表舞台となる可能性さえあると思っている。

というのも、アフリカの国々は今、日本に対しては以前にも増して期待を強めているからである。旧宗主国《そうしゅこく》だったヨーロッパへの不信感と、日に日に存在感を示す中国への反発や警戒心が、その背景にある。

そもそもアフリカの現状は、植民地支配の結末と言える。アフリカの国境線に直線が多いのは、植民地として地形や民族など考慮せずに、人為的に国境をつくったからである。そのためインフラの整備ができず、民族抗争や部族抗争が頻発して、地域間の経済協力などまったく進まなかった。民族による分断支配も横行したうえ、教育や人材育成も後回しだったから、独裁や腐敗が蔓延して政治が安定しないのだ。そんな原因をつくったヨーロッパに対しては、どうしても捨て去れない感情がある。

また、ヨーロッパが支援する場合、キリスト教的な慈善活動の雰囲気が隠せない。豊かなヨーロッパが貧しいアフリカに施《ほどこ》す、手を差し伸べるといった側面が出てきてしまう。アフリカにはアフリカ独自の文化や民族的な誇りがあるのだから、当然のように不興《ふきょう》を買ってしまうのである。

中国には先述した「債務の罠」への疑念のほかにも、アフリカ側の反発を呼ぶ要因がある。それは三億人の中国人をアフリカに移住させ、アフリカ人と結婚させて中国色に塗り替えようという途方もない〝計画〟のことだ。そうした極端すぎる動きや、垣間見える拝金主義が警戒されているのである。

日本はODA外交で積み重ねた実績があり、アフリカの人たちからの信頼度は高い。

また、日本側には「経済成長の恩恵は、貧しい人まで広く行き渡るようにして『質の高い成長』にしなくてはいけない」という考え方がベースにある。日本のパートナーシップは、アフリカ諸国に受け入れられやすい素地が整っている。

アフリカの経済発展には、インフラを整備し、流通を促進することが重要だが、それには地域間の協力が欠かせない。日本としては、そんな根本の部分からAUを通じてプロジェクトを進めていきたい。

二〇一八年、日本はエチオピアのアジスアベバにあるAU本部に代表部を開設して、日本からの大使が着任した。EUの代表部と同様にスタッフを充実させている。

戦略的観点でアフリカを味方につけよ

今、インドネシアほかアジアのいくつかの国では、日本の「カイゼン」がブームになっている。これと軌《き》を一《いつ》にするように、エチオピアでは「エチオピアカイゼン機構」という組織ができた。品質と生産性向上のため、「カイゼン」のノウハウから日本の改善の精神まで学ぼう、広げようと、国家戦略としてオフィスも設けて力を注いでいるのである。

こうした相性のよい部分をしっかり活かしていく。そんな小さな積み重ねは、他国が追《つい》随《ずい》できない日本の得意技であり、信頼を勝ち得てきた背景なのだ。

二〇一八年、日本が音頭を取って「アフリカ賢人会議」が東京で開かれ、アフリカの政治指導者が数多く参加した。モザンビークのシサノ大統領、ベナンのソグロ大統領、タンザニアのムカバ大統領、ナイジェリアのオバサンジョ大統領、南アフリカのムベキ大統領など、日本の人たちとの交流の機会を設けた。

距離が遠いだけに、まだ本格的な投資や経済交流に踏み込むまでには至っていない。しかしアフリカ大陸は未来のエネルギーの宝庫で、未開発の資源が大量に眠っている。地下資源はもちろんだが、水産業や農業でも大きな富を生み出す可能性を秘めている。

世界全体で見れば、これから日本が大きな役割を果たさなければいけない分野は、エネルギー政策や環境政策である。その主張が世界に行き渡るようにするには、各国から広く支持を集めなくてはいけない。

今、国連の加盟国は一九三あって、そのうち五四がアフリカである。これは相当大きいウエイトを占めているわけで、アフリカからの支持は絶対的に欠かせない。

アフリカをどう味方につけていくか。これはさまざまな面で、日本の未来にとって、非常に重要な戦略的観点なのである。

＋α「未来の大国」の予備軍たち

これまで紹介してきた七カ国以外にも、「未来の大国」になりうる国々は地球上にいくつも存在する。いわば「七カ国＋α」である。その「＋α」について、本章の結びに述べてみたい。

バハマ――沈没船とともに眠る金銀財宝

カリブ海に浮かぶバハマは、人口四〇万人に満たない小さな島国だ。七〇〇あまりの小島と二四〇〇の岩礁はほとんどが珊瑚礁で、青い海と空、美しい島々がこの国の魅力である。ジェームズ・ボンドの登場する映画、００７シリーズは『００７ サンダーボール作戦』から始まって全部で八本がバハマで撮影されている。初期のころ主役を演じたショーン・コネリー氏は、この素晴らしい自然環境がとても気に入ったらしく、今はバハマに終《つい》の棲家《すみか》を構えて優雅に暮らしている。

南海の楽園のようなこの国には、自然環境のほかにもう一つ、すばらしい資産がある。

それが海の底に沈んでいる財宝である。天然資源のことではない。沈没船とともに眠る文字どおりの「お宝」だ。これが今、バハマの大きな魅力となって浮上してきたのである。

十五世紀の大航海時代以降、スペインなどヨーロッパから、多くの船が新大陸へ向かったことはご存じだと思う。ことに十八〜十九世紀になると、新大陸での影響力を拡大するための資金として、大量の金銀財宝を積んでいた。しかし当時はまだ、航海術がそれほど発達しておらず、船自体も頑丈《がんじよう》にできてはいない。気象予測も経験に頼るしかなかったから、ハリケーンに遭遇して難破する船は後を絶たなかった。

海賊に襲われることもあったようだ。乗組員は、海賊に金銀財宝を持っていかれるくらいなら、と全部を海に投げ捨て、自分たちも一緒に沈んで運命をともにしたことも多かったらしい。バハマ政府の調査に限っても、バハマ近海には金銀財宝を積んでいたと思われる沈没船が五〇〇隻《せき》以上も眠っている。

これを回収することによって、バハマには莫大《ばくだい》な財宝が手に入る。刻印付きのスペインの金貨など、コレクター垂涎《すいぜん》のものであれば、もしオークションに出したとすると、一隻あたりおよそ数億円から数十億円、ときには数百億円分の財宝が手つかずのまま沈んでいる計算だ。

バハマの海は、そんなお宝の宝庫なのである。

未来を指向する政府の慧眼《けいがん》

すでに財宝を引き上げつつあるのだが、バハマ政府が秀逸なのは、「一時の利益のためにオークションなどに出して売却することは、一切しない」が、方針であることだ。歴史的にも貴重な財宝として、博物館など展示施設での公開を念頭に置いている。美しい自然環境に加えて、歴史的にも貴重な遺産が見られるとなれば、世界中から見学者や観光客が増えると想定しているのである。

バハマ近海に沈む財宝は、すべて回収できれば一〇〇〇億ドル（一〇兆円）は下らないと言われている。はっきり確認されて

バハマのミッチェル外務大臣（左）と。右は秘書官

いないものも含めれば、もっと多い。二十世紀初頭に沈没したとされるロシアの軍艦など、一隻だけで一〇〇〇億ドルをはるかに上回る金の延《の》べ棒を載せていたという記録さえあるそうだ。

そんな情報が駆け巡《めぐ》って、タイタニック号の引き上げにも貢献した探検家のデイビッド・ガロ氏をはじめ、世界中の名だたるトレジャーハンター、お宝回収のプロたちが一〇〇人以上もバハマに集まってきている。プランを練っては、引き上げに鎬《しのぎ》を削っているのだ。

もちろん、五〇〇隻をすべて引き上げることができるかどうかは分からない。だが、潜在的な価値としては少なくとも一〇〇〇億ドル相当が見込まれるという。しかもメタンハイドレートやレアアースといった天然資源ではなく、かつて七つの海を支配したイギリスやスペインの財宝という、はっきりと資産価値の見込めるものが眠っている。それを引き上げて観光資源にするという明快な方針を打ち出しているのだ。

またバハマ政府は、引き上げたものを鑑定し価値を保証するために、ブロックチェーン技術を使う方針だと明言している。私はこのことに、ものすごく感心した。

ブロックチェーンによって暗号通貨（暗号資産）が資産たりうるのと同じ原理である。

目の前にある財宝を、ネットでつながった台帳（参加者全員から監視される）に載せることで、移動や取引の履歴は改竄《かいざん》できなくなる。沈没船から引き上げた貴重な金銀財産もしっかり管理され、お互いがその価値を保証することになるのである。

これまでのバハマの主要産業は、観光業とタックス・ヘイヴン（租税回避地）などの金融業である。当然、ブロックチェーンの使い方も研究していたに違いない。新しい技術を積極的に取り入れ、お宝に結びつけた発想はユニークで飛び抜けている。自分たちの強みを未来に活かしていく点は、学ぶべきところだろう。

今、ブロックチェーンの技術はマネーの決済だけでなく、そのトレーサビリティを活かしてさまざまなシーンに応用する実験が世界中で進んでいる。

たとえば食卓に冷《ひ》や奴《やっこ》が載ったとしよう。この豆腐はいつ、どこでつくられて、どんな流通経路をたどったのか。豆腐の原料は国産と表示されているが、日本のどこでとれた大豆で、どのように豆腐メーカーに届けられたのか——そうした諸点を、効率的かつ迅速に調べることが可能になる。これは安全・安心につながる。

医薬品が製薬会社からどういう経路をたどって病院に行き、患者に届いているかを精密に追跡できると、患者が正しく飲んでいるかどうかも判明する。服用されなかったり、廃棄処分になったりしている医薬品を回収し、再利用できれば、増大一方の医療費を抑制することも可能になる。

「ブルーエコノミー」という言葉がある。青い海をイメージさせるバハマ政府の造語である。このキャッチコピーで、海外から探検家、投資家から観光客まで引き寄せる。

沈没船の引き上げが盛んになったのは、地球温暖化も影響しているという。気候だけでなく、潮の流れも変わってきたので、探査や引き上げが以前ほど困難でなくなってきたようだ。新しい技術も、自然環境の変化も取り入れて、バハマはカリブ海諸国の中でもひときわユニークな存在となっている。

二〇一九年九月、史上最大と言われるハリケーン「ドリアン」に襲われ、バハマは大きな被害に見舞われた。国際空港も港湾も破壊されてしまったが、各国からの支援を受け、復旧が進む。実は、バハマの政府専用船舶は日本製が圧倒的に多い。日本の造船会社への評価が高く、船舶や港湾の修復には日本企業の協力が欠かせない。「雨降って地固まる」ではないが、ハリケーンの災害を機にバハマと日本の関係が急速に強固なものとなることを期待したい。

ツバル――常識を覆《くつがえ》す「消滅危機の島」

南太平洋のツバルはイギリス連邦王国の一つだが、人口は一万人を下回るほどで、バチカンを除けば世界で最少人口の独立国である。

この国は、地球温暖化による海面水位の上昇で、あと数年から一〇年で消滅すると言われてきた。温暖化が進むと南極の氷が溶けて海面水位が上がり、島は水没するとされており、そうなる前に住民はニュージーランドやオーストラリアに移住しなければならない。そのように、ずっと懸念されてきた。

海面上昇によって、島は波に洗われて小さくなっているはずであった。しかしニュージーランドのオークランド大学の地質学研究チームが、一九七一～二〇一四年の変化を調べたところ、常識を覆す結果が出た。海面上昇は世界平均の二倍のペースで進んでいるにもかかわらず、調査した九つの環礁のうち八つと、一〇一の環礁のおよそ四分の三で、面積が広くなっていた。国の総面積が約三％広くなっていたのである。

海面上昇での沈下以上に、波や嵐で打ち上げられた堆積物《たいせきぶつ》があったらしい。また、地質学的には、火山が噴火して新しい島ができたり、海底が隆起して陸地になったりする場合がある。水位が上がって消滅する危惧があると同時に、地球の活動は人間の常識を超えてダイナミックなのだ。

世界の常識では、地球温暖化で小さな南の島々は水没する運命にあると言われるが、ツバルはきわめて特殊な環境にあったのである。まだ「未来の大国」と認定するには距離があるものの、ツバルは「常識に反することが起こりうる」ことを私たちに理解させてくれる好例だと言えよう。

本書の趣旨は「未来を考える上では、今までの常識にとらわれて大国を考えてはいけない」であるから、常識が必ずしも通用しないということを実感、体感する意味でも、この小さな島国は注目に値する。

サウジアラビア――砂漠の砂をエネルギーに変える

イスラエルを紹介した際に、砂漠の砂を原料としたシリコン電池について触れたが、これも常識を覆した例である。シリコン電池は、現在、エネルギー密度が高い（重量に対してエネルギー＝電力をたくさん蓄《たくわ》えられる）バッテリーとして広く使われているリチウムイオン電池に代わる画期的なものだ。

リチウムイオン電池は現在、スマホやパソコンから電気自動車まで広範囲をカバーするが、弱点が少なからずある。まず、発熱による火災の危険性だ。スマホを充電中にリチウムイオン電池が発火した、というニュースをご記憶の向きも多いだろう。電気自動車の場合、蓄えられている電力量が圧倒的に多いので、安全性はとくに気がかりである。

充電時間の長さも課題である。ガソリン補給のように短時間ではできないので、自動車としての使い勝手が悪くなってしまう。さらに材料としてレアメタルのリチウムが必要なので、原材料の調達にもリスクを抱えることになる。

こうした問題が、シリコン電池では一挙に解決する。シリコン電池は発熱しないため火災の危険がない。またエネルギー密度が高いので、電気自動車なら一回の充電で四〇〇～五〇〇kmの走行が可能になる。耐久性も高く、自動車の耐用年数なみに持つとも言われる。しかもシリコンはレアメタルなどではなく、砂や岩石の成分だから無尽蔵に存在する。電気自動車のバッテリーとしては最適で、いよいよ自動車はガソリンや軽油で走るものから電気で走るものへと時代が変わる。常識が変わるのだ。

サウジアラビア政府は、シリコン電池を新たな成長産業の柱として、一二年間で五〇〇億ドル（約五三兆円）の資金を投入するという。まずは世界初のシリコン電池による自動車レースを開催する予定だ。石油に代わるエネルギーとして、新しい時代を切り開こうと計画しているのである。

シリコン電池の原料が、砂漠の砂から取り出せるというのも常識を超えている。シリコンは砂に含まれる二酸化ケイ素から抽出《ちゅうしゅつ》するのだが、そのためには大量の電力が必要だ。その電力を太陽光発電によってまかなおうとしているのである。サウジアラビアは国土の大部分が砂漠である。太陽光発電所とシリコンの抽出・精錬工場を砂漠に建設することで、砂は周囲から無限に手に入るし、雨の降らない砂漠だから太陽エネルギーを最大効率で利用できる。地の利を活かして、未来のエネルギー大国への道を歩もうとしている。

実は「世界の発明王」と呼ばれたトーマス・エジソンであるが、白熱電球や電話機以外にも数多くの「未完の発明品」のメモを残していた。その中の一つが、この「砂から産み出されるシリコン電池」であった。一五〇年前のエジソンの予言が、まさに日の目を見ようとしている。未来を創造する力は個人の発想力に宿るのである。国家のあり方も、個人の意識によって大きく変わる。そんな時代が目の前に迫っていると言えよう。

2章 世界覇権と「現在の大国」

アメリカは大国の資格を失いつつある

「未来の大国」に対義語があるとすれば、「現在の大国」および「過去の大国」となるだろう。本章では「過去の大国」はさておき、「現在の大国」の現状と今後を分析する。ここで述べる「現在の大国」とはアメリカと中国であり、この二カ国へのキャッチアップを試みるロシアとインドにも言及したい。世界の覇権を巡る大国たちの動向を俯瞰《ふかん》してみよう。

さて日本では、依然としてアメリカがナンバーワン、世界で唯一の超大国だと考えられており、アメリカに挑むかたちで中国が台頭してきているという理解が一般的である。だが、この現状理解は妥当なものだろうか。

現在のアメリカの実力がどれほどなのかを考えてみよう。海外に展開する米軍基地は八〇〇カ所以上ある。アメリカ一国の国防予算は、七一六〇億ドル（約七三兆円／二〇一九会計年度）で世界一だ。これは世界二位以下から一〇位までを束《たば》ねてもアメリカに届かない額であり、圧倒的な軍事予算を投入している。しかし、そこまで力をかけていながら、第二次世界大戦後、海外でのあらゆる軍事作戦において勝てていない。

経済力に翳《かげ》りが見え、長く自任してきた「世界の警察官」の役割返上を余儀なくされているわけであるが、巨大な軍需産業を持つだけに、手を引いてしまうわけにもいかない。

今の時代、軍事力への依存は非常に効率が悪い。戦争の直接的なコストもさることながら、軍事力をもって世界に影響を与えようとするなら、戦争の相手国の復興にどう関わり、どう関係をつくり直していくのか、敵対した国で人々の心をどうつかむのかといったところにソフトパワーを発揮することも必要になるからだ。しかも、第二次世界大戦が終わった一九四五年、アメリカは世界の富の五〇％を占めていたが、二〇一九年では二三％にすぎない。

単に軍事力、経済力が強大だというだけでは大国としての資格がないのである。

しかもトランプ大統領は就任以来、「アメリカ・ファースト！」を打ち出して、外国から入ってくる人たちは難民であろうと、移民であろうと、留学生であろうと、そのほとんどすべてを「潜在的なスパイ」もしくは「破壊工作を考えているテロリスト」などと言い放ち、顕著に一国主義を爆走している。

地球温暖化防止のために、世界中の国が二酸化炭素排出の目標を設定する「パリ協定」からの離脱も表明した。「地球温暖化はフェイクニュース、でっちあげだ。地球は温暖化なんかしていない。かえって今、地球は氷河期に向かっている」と言うのである。アメリカが旗振りしてきた「環太平洋パートナーシップ協定」（TPP）も「これはアメリカの国益に合致しない」と、就任初日にご破算にしているし、前章で述べたように、イランとの核合意もヨーロッパや国連の安保理常任理事国の反対を無視して、勝手に脱退してしまった。

一事が万事、この調子で、今のアメリカは本当に内向きになってしまっている。トランプの暴走に異を唱える勢力は少なからずあるのだが、輪をかけて支持者も多いのだ。

序章でも述べたとおり、アメリカは自他ともに認める超大国であったとき、「開かれた自由な国」として世界中から人々を惹《ひ》きつけてきた。その結果、歴史や文化が違う人々が出会うことで新しい価値が生まれた。映画、音楽、そしてブレイクスルーとなるような科学技術やさまざまなサービスが次々と登場して、そこでまた世界中から人々を惹きつけたのだった。

しかし今、内向きになったアメリカは、自らその好循環の流れを堰《せ》き止める方向に走り出しているのである。

「強いドル」の終焉《しゅうえん》

内向きだからといって、自国民を幸福にしていることにはならない。「一％の超富裕層と九九％の貧しい人たち」へと貧富の格差が拡がって、分断国家になってしまったことも序章で述べた。銃の乱射事件のような破滅的な事件が多発する背景には、社会への不満や反発があることは容易に想像できる。

宗教や性的マイノリティなどの多様性を認め、守ろうとする動きは今もあるのだが、それすらも力と力がぶつかり合ってしまい、混乱に拍車がかかっている。とてもではないが、海外に向けて「これが自由の国、アメリカですよ」とアピールできない状態にある。

今、アメリカの人口構成は、アングロサクソン系の白人が全人口の半分以下になり、アフリカ系、アジア系、ヒスパニック系、アラブ系などが多数派となっている。そんな多様な文化的背景を持つ人々の国なのに、トランプ大統領は白人至上主義を肯定するような言動を隠そうともしない。これでは国民が、すなわち国家が分断される。さらには、分断を煽《あお》る大統領の発言が象徴するとおり、大国としての責任やリーダーシップから、どんどん遠ざかるばかりなのだ。

日本には「貧《ひん》すれば鈍《どん》する」ということわざがある。ご存じのとおり「困窮すれば、心までも貧しくなる」という意味だが、言葉の順序を入れ替えれば、「心が貧しくなったのは、経済的に困窮したからだ」とのロジックも成立する。

トランプ大統領の就任以来、アメリカ経済は好景気と見られていた。しかし、かつての圧倒的な強さ、世界に冠たる経済力は、実質的に衰《おとろ》えてしまっている。端的な例が、〝ドル支配経済〟の終焉である。

アメリカの強みの一つがドルであった。序章でも指摘したとおり、一九七一年に金とドルの交換が停止されるまでは、基軸通貨として国際為替市場の中心であり、世界経済を主導するアメリカの後ろ盾になっていた。すなわち「ブレトン＝ウッズ体制」の下《もと》で、世界銀行や国際通貨基金（ＩＭＦ）を設立して世界経済の安定や途上国開発を担うなど、戦後の国際秩序をアメリカが引っ張ってきたのである。

ドルを称して「ペトロダラー」と呼ぶ時代があった。ペトロリアム＝石油とドルの合成語で、ほとんどの国際原油取引がドルでなければ決済できないことから、こう呼ばれたのである。アメリカは国際基軸通貨としてのドルの地位を維持するために、この体制をつくり出したのである。

今もドルは、たしかに決済通貨として重要な役割を果たしているけれども、往時ほどの優位性はなくなっている。

教育の荒廃が進んでいる

二〇一九年は、アポロ計画による人類の月面着陸からちょうど五〇年だった。私の高校生時代のことだが、あのときに感じたアメリカの科学技術の素晴らしさは、今も強く印象に残る。しかし今のアメリカでは、次代の科学を支える子どもたちへの教育が悲惨なことになっているのだ。

教育の荒廃が進み、そこに犯罪の増加が相俟《あいま》って、今やアメリカでは理工系大学および大学院で学ぶ学生の数よりも、罪を犯して刑務所に服役中の人数のほうが多くなっているのである。しかも、中国やインドほか海外から来てＩＴ技術の分野で学ぶ留学生、研究者が圧倒的に多く、アメリカ人の数は減り続けている。

結果として、シリコンバレーで活躍する人材は中国人やインド人が多く、アップルであれグーグルであれ、彼らに頼らなくては思うように研究開発が進められないのだ。

トランプ大統領は「中国からの留学生や研究者は、技術を盗み、破壊工作をするスパイだからビザを出さない」と言い出した。これは自ら首を絞《し》めることになりかねない。

サプライチェーンにしても、新しい技術の研究開発にしても、世界がこれだけ〝持ちつ持たれつ〟の時代になったにもかかわらず、トランプ政権はあくまでも「アメリカ・ファースト！」を押し通している。批判の矛先《ほこさき》は中国から日本にも向けられた。「アメリカがこれまで世界にずいぶん貢献してきたのに、中国は〝いいとこ取り〟ばかりする。中国の問題が片づいたら、今度は日本だ。自動車や自動車部品の関税を高くするぞ。日本は安保条約にもタダ乗りではないか」

同じような言い方を、トランプ大統領はロシアにもEUにも、インドに対しても浴《あ》びせている。

アメリカは他国を叩くことで、結果として敵をつくってしまった。そして敵同士で連合体を組むような状況を自ら生み出している。現実に中国、ロシア、インドが手を組む動きが始まったのである。

「超国家」の企業群

二〇一九年六月に開催された「G20大阪サミット」のテーマの一つは、ネット上で集められるデータについてのルールづくりだった。専門の技術者や研究者ではなく、各国首脳や国際機関のトップという政治家や官僚が議論せざるをえないほど、今後の世界経済にとって重要な課題になっているのである。

さまざまな機器がネットでつながれた現代、膨大な量のデジタルデータが毎日、生み出されている。たとえばグーグルには、いつ・誰が・何を検索したかが集まってくる。スマホのGPS機能からは位置情報が、スマートウォッチなら心拍数や歩数までもがアップルなどの企業に集積される。フェイスブックでは人間関係が浮き彫りになり、「いいね」を押した内容で判明した個人の趣味や嗜好《しこう》も集められる。ネット上で買い物をしようとすると、どんな商品を買おうとしていたかの情報がアマゾンなどプラットフォーム企業（プラットフォーマー）に集まる。

こうしたデータは、それぞれの利用者が興味を惹きそうな広告を表示したり、新製品や新サービスを開発したりするための、ビジネスで使われる貴重な「資源」なのだ。それも二十世紀の石油のような、巨利を生み出す資源になっているのである。

しかもデータに国境はないし、集積や移動も瞬時に行なわれる。右に挙げた「GAFA」（グーグル、アップル、フェイスブック、アマゾン）のような巨大IT企業も、日々、国境など関係なく活動している。国家レベル以上の資金力と影響力を持つ企業、すなわち「超国家」の企業群が出現したのだ。

「G20大阪サミット」では、巨大IT企業やデジタルデータについて、大きく二つの課題が取り上げられた。一つは「データの自由な流通を巡る課題」、もう一つは「国境を越えて莫大な利益を上げる巨大IT企業への課税」である。

そもそも世界中で集められたデータは、どこまで自由に（勝手に）使っていいのか、流通させていいのかという問題があり、その上で、自由に安全に流通させるためにはどんなルールを整備すべきなのかという話である。

「新しいビジネスを産み出し、発展させるために自由にするべきだ」と、「企業や個人に自由にさせると危ない。国家も安定しなくなる。規制は必要だ」という二つの意見・立場のせめぎ合いの中でルールや仕組みをつくろうとしているのが現状だ。

「G20大阪サミット」では、ようやく「自由に流通させるにしても、個人のプライバシーや企業の知的財産権が守られるようにしよう」と課題を示した段階である。

時代遅れの国際課税ルール

また、巨大IT企業は莫大な利益を上げながら、わずかな税金しか納《おさ》めていないことも問題視される。欧州委員会の調査によると、巨大IT企業の税負担率は九・五％で、一般企業の二三・二％に対して半分以下だという。つまり、課税の仕組みがまったく時代遅れで、「GAFA」のような企業が活躍する現代にはそぐわない状態なのだ。

現在の課税制度では、進出国に支店や工場などの拠点、恒久的施設がなければ、法人税は本社のある国で収めることになる。IT企業の場合、たとえばネット経由で音楽を配信しても、消費者のいる国に恒久的施設があるとは限らない。消費者は日本やアジア、ヨーロッパにいて、配信拠点はアメリカにあるという企業であれば、どんなに利益を上げても、日本、アジア、ヨーロッパに税金を納めなくてもよい。

利用者が多い国に税金が入らないのはおかしい、不公平だ、という声が上がったのは当然である。一例を挙げれば、グーグルは日本でも大きな広告収入を得ているのに、法人税は日本法人の活動分しか課税対象にならない。楽天やヤフーなど、同じようなサービスをする日本企業は税金をしっかり払っているのである。

こうした税の不公平を正すため、本社所在地という「拠点」ではなく、どれだけ閲覧したか、ダウンロードしたかといった「利用」に対して課税する案が提案されている。だが「GAFA」を抱えるアメリカや、「BAT」（バイドゥ、アリババ、テンセント）が成長している中国は、ルール変更で税収が減ってしまうのだから当然、反対する。

結局、「G20大阪サミット」で合意したのは、「新たな課税ルールを検討しましょう」というところまでであった。

国境など関係なく、次々と新しいインターネットサービスを提供して利益を上げる「超国家」のIT企業に比べると、国の動きはやはり非常に遅く感じられる。ブロックチェーン技術を使った暗号通貨も、今後ますます広がってくるのは確実だが、国の対応はどうしても後手になる。

対応の遅れは百歩譲るとしても、国の議論は現状維持の方向に進みやすい。未来も大国でいられるかどうかの重要な分岐点の一つはここだろう。

規制に向かう「現在の大国」

序章で、フェイスブックが発表した新しい暗号通貨「リブラ」について少し触れた。

フェイスブックのマーク・ザッカーバーグ氏は「(リブラは) 世界中の一億人近い難民

や、途上国で銀行口座を持てない一七億人もの人たちにとって、スマホさえあれば利用でき、手数料のほとんどかからない送金や決算の手段になる。たくさんの人たちに有益なサービスだ」と強調していた。

これに対し、認めるべきではないと考えているのがアメリカの議会であり、FRBである。トランプ大統領は「規制されていない暗号通貨は、麻薬取引やその他の違法行為など、非合法な活動を助長する可能性がある」とツイートして、銀行と同じ規制の対象になるべきだと主張した。日本の政府も日銀も抑える側に回ろうとしている。

自由主義経済で、企業の自由な競争が技術も産業も発達させるという価値観のアメリカでさえ「危ない」「規制しろ」が主たる潮流である。国が情報や技術をコントロールして、IT立国・製造立国で勝ち続けようとする中国は、むろん禁止・抑制に向かう。

今、大国と言われる国々は、「リブラ」を基本的に規制しようとする動きである。この戦いが今後どうなるのか。数で比べると、アメリカの人口が三億人、日本は一億人、中国は一四億人。一方のフェイスブックは、世界全体で二四億人ものユーザーを抱えている。つまり世界的にインターネットサービスを提供するプラットフォーマーが持つ力は、国家をも上回る時代に突入したのである。

グーグルしかり、アマゾンもしかりで、売上、資本、社員、さらに研究開発の拠点が世界に分散して存在する。すでに「グーグルはアメリカの企業」といった単純なくくりでは理解できない時代に入っているのだ。同じことが中国のファーウェイにも言える。本社は深圳《シンセン》にあるものの、四〇万人もの社員は世界中に分散して拠点を設けている。

自由主義であれ、国家社会主義であれ、この点に変わりはない。国の監督や規制を受ければ受けるほど、やすやすと乗り越えてネット上の仮想空間に基盤を置くことになる。世界はもはや一〇年前、二〇年前とは違う局面を迎えたのだ。

世界の潮流として、プラットフォーマーの力や、アイデアや影響力を持つ個人が構成するネットワークが国家の枠を上回るようになってくるのは確実だ。ということは、新しい技術やアイデアを取り入れ育成こそすれ、押さえつけないことを保証するような国でなければ、競争には生き残っていけない。

規制しようとすればするほど、斬新《ざんしん》なアイデアやサービスを提供できる組織や企業は、受け入れてくれる環境の国へと移転していく。アメリカからも日本からも去っていくと覚悟しなければならない。

非政府組織や個人の連携が鍵になる

アメリカは非常に厳しい状況に追い込まれている。軍事力で圧倒できず、ドル支配は終焉、教育は荒廃。財政もほとんど国家破綻状態に近い。そして内部分裂である。

そんな現況を抱えながら、中国と、ロシアと、ＥＵと、そしてインドと向き合って（張り合って）いるのである。すでに限界に近づいていることを、私たちは冷静に判断しておく必要がある。

日本にとってアメリカは、安全保障上の頼りになるパートナーであり、経済でも文化でも大きな存在であった。「それなのに、少し翳りが出たからといって乗り換えるのか」と怒り出す人もいるかもしれない。「同盟国を捨てるような国は信用されなくなる」と考える人もいるだろう。

もっともな話である。「アメリカよりも頼りになる盟主を探そう」「次の時代にぶら下がる国を探そう」という話なら私も反対だ。私が言いたいのは、これからの時代、「国」の意味合いが変わってくるということである。

これからは、国がすべてをコントロールする時代ではない。ノンステート、つまり国を超えた都市、企業といった非政府組織や個人が大きな力を持ち、彼らが横に連携して、社会を動かしていく。

その典型は、やはりアメリカ勢なら「GAFA」であり、中国勢なら「BAT」といったプラットフォーマーだ。あるいは「持続可能な開発目標（SDGs）」を掲げて活動するような個人やNGO、NPOなどである。こうした組織や個人による連携の可能性に注目しておく必要がある。

新しい動きに目を向けず、過去のアメリカの栄光や幻影に惑《まど》わされていると、日本も一緒に沈没する。そうならないように、そして日本が「未来の大国」として繁栄を続けるためには何が必要なのかを考え続けなくてはいけない。

中国は建国一〇〇年の二〇四九年に「世界一」を目指す

では今、アメリカに挑戦し、アメリカもいちばん危険視する中国はどうだろうか。

およそ一四億人という巨大な市場だから、アメリカの企業も中国マーケットなしでは生存が危ぶまれるほどの存在感を示している。

約七〇年前、毛沢東《もうたくとう》が建国したころは「貧しくても平等な社会を築くのだ」と共産主義の理想を掲げ、国民は皆、人民服・人民帽で手には『毛沢東語録』というスタイルだっ

「中国製造2025」の重点分野と具体例		
1	次世代情報技術	半導体、5G
2	ロボット	デジタル制御の工作機械やロボット
3	航空・宇宙	大型航空機、有人宇宙飛行、ロケット
4	海洋設備・船舶	深海開発、ハイテク船舶
5	先端的鉄道	信頼性の高い鉄道車両と設備
6	省エネ・新エネルギー車	電気自動車、燃料電池自動車
7	電力設備	大型水力発電、原子力発電
8	農業機材	大型トラクターなどの開発
9	新素材	特殊金属、超電導素材、ナノ素材
10	高性能医療	バイオ医薬、IPS 細胞技術

た。一九八〇年代に鄧小平《とうしょうへい》が「改革開放」に舵を切り、驚異的な急成長を遂げたことは、ご存じのことと思う。

二〇一〇年にはGDPで日本を追い抜き、世界二位になってさらに成長が加速。二〇三〇年代にはアメリカも越えて世界一になる、と複数のレポートで予測されている。

十九世紀以降の欧米列強による植民地支配や、日本の侵略など苦難の時代を経て、中国共産党の掲げる「中華民族の偉大な復興＝中国の夢」のスローガンのままに、国際的な地位を高めようとしている局面である。

これまで触れてきたように、中国は「一帯一路」構想として巨大なアジアとヨーロッパ、アフリカまで世界を結ぶインフラ投資事業を進めている。「一帯」とは中国西部から中央アジアを経由してヨーロッパへと続く「シルクロード」を、「一路」とは中国沿岸部から東南アジア、スリランカ、アラビア半島の沿岸部を経て、アフリカ東岸へ至る「海上シルクロード」を指す。こうした地域に道路、港湾、パイプライン、発電所などをつくり、金融からITまで投資を呼び込んで、巨大な経済圏をつくろうという構想である。

そして建国一〇〇年となる二〇四九年までに、台湾も取り戻し「一つの中国」として一体化した上で世界のトップに躍り出る——そんな「中国の夢」を示すことで、一四億人もの国民をまとめようとしているわけである。

その「世界トップ」を実現する柱として、習近平指導部が発表した産業政策が「中国製造2025」である。前ページの表に示すように、次世代情報技術からバイオ医薬・高性能医療機械まで一〇の重点分野と二三の品目を設定して、製造業の高度化を目指している。

一見して分かるとおり、先端技術でアメリカを追い越すという宣言であり、その象徴が次世代通信技術の「5G」であり、アメリカが排除した「ファーウェイ」なのだ。

「中国製造2025」の弱点

「中国製造2025」では、品目ごとに目標となる中国製品のシェアが設定されている。二〇二五年に、産業用ロボットでは七〇%、「5G」の核心部分である移動通信システム設備では中国市場で八〇%、世界市場で四〇%といった数字が並ぶ。このシェアが達成されるとなると、アメリカに限らず日本、EUにとっても由々《ゆゆ》しき事態だろう。

では、急成長を遂げた中国の製造業が、このまま目標に向かって突っ走ってしまうのだろうか。結論から言うと、彼らが解決すべき課題は多い（もちろん、見くびったり油断したりすることはできないが）。

中国政府は関連産業に対する金融支援や、基盤技術を向上させるための支援策を打ち出しているものの、もっと根本的な弱点を中国の製造業が抱えているためだ。

中国の製造業は「技術」に関しては、日本やアメリカから多くのものを吸収し、巨大なマーケットの中でそれを進化させて急成長を遂げてきた。しかし「科学」という基本的な分野が伴っていないのである。中国（中華人民共和国）国籍でノーベル賞の科学分野の受賞者は、二〇一五年に生理学・医学賞でようやく一人出たけれども、人口比で考えても極端に少ない。このことが象徴するように、「技術はあるけれど科学はない」ところに中国の最大の弱点がある。

メイド・イン・チャイナのさまざまな製品が世界中を席巻《せっけん》しているのは、まぎれもない事実である。価格競争力に加えて技術力もついてきたから、コモディティ（ブランドの必要のない汎用《はんよう》的な商品）では圧倒的に強い。だが、多くの製品は中国が自分たちで産み出したものではなく、日本やアメリカで生まれたものを大量生産で安く製造しているにすぎない。当然、改良や改善をしてはいるのだが、ゼロから新しいものを生み出す創造力は、残念ながら今の中国にはまだ育っていないのである。

典型的なのはアップルの「iPhone」だろう。高価格帯のスマートフォンで、機能やデザイン性から世界中で人気の高い「iPhone」は中国で生産されている。ところが部品の多くは日本製であり、ソフトウェアをはじめ設計の部分はアメリカである。

中国製の「ファーウェイ」や「シャオミ」など、「iPhone」を超える機能や性能を誇るスマホが登場してはいるものの、やはりメイド・イン・チャイナの本質は改良・改善と低価格化である。

アメリカに挑戦し、アメリカを凌駕しようとする中国だが、そのモチベーションの根底にあるのは、長年の抑圧を今ようやくはねのけて日本を追い抜き、アメリカにも追いつくのだという面子であり、プライドだろう。国として、そんな自尊意識が最優先となっており、「中国国民の幸福」や「アジアや世界の繁栄・進歩のため」という部分に結びついていない。

「債務の罠」で批判を浴びる

だから政治的に解決しよう、と力を注ぐことになる。英国、オランダ、ドイツ、シンガポール、ポーランド、タイといった国々が「一帯一路」の呼びかけに応じて、連携や投資を表明した。中国はＡＩＩＢ（アジアインフラ投資銀行）を設立、シルクロード基金をつくるなどして一〇〇兆円もの資金を動かすとされる。

この中国が始めた経済構想が、世界にとってよいものであれば問題はない。だが、怪《あや》しい兆候が現われている。中国は「一帯一路」のルート上にある途上国・中進国に、インフラ整備のための融資をしているのだが、返済できない国が土地やインフラを奪われるという事態が起きている。二〇一七年の暮れ、スリランカは港湾整備に借りた資金が返済できなくなって、港の管理会社の株式の七割を九九年間、中国に譲渡することになった。

これをきっかけに、マレーシアでは中国による大型事業の見直しなどが争点となる総選挙が行なわれ、見直し派で九三歳となるマハティール首相が再任されたのだった。選挙に勝つや、マハティール首相は「費用回収の目途《めど》が立たない。今はこの事業は必要ない」と言って、中国が進めていた鉄道やパイプラインなどの建設中止を発表した。

最終的に建設費を三割圧縮、マレーシアの受注割合を四割まで上げて再契約することになったのだが、借入金利も下げることに成功したと言われる。

返せないほどの多額を、しかも高金利で融資して「借金のカタ」を取り上げる手法は、悪徳金融業者の手口であって、大国のすることではない。マレーシアに限らず、アフリカのジブチでも同様の動きが出ているのは当然だろう。

こうした中国のやり方は、自《おの》ずと限界に至る。実際、「債務の罠」と呼ばれて世界中で批判され、すっかり評判が悪くなってしまった。さらにアメリカとの貿易対立もあるから、反発する国を増やすのは中国にとって得策ではない。さすがに中国も、行ないをあらためようと動き出したのである。

中国の弱点を日本が補《おぎな》う

悪評をなんとか返上したい中国は、日本と手を結ぼうと考えた。途上国にとって日本の

ODAは大変評価が高い。融資する金額は必要な範囲にとどめ、返済が可能な妥当な金利にするなど、受け入れ国のことを理解して、状況を最優先するかたちで援助をしてきたからである。

途上国の場合、腐敗した政治家が入札などで便宜《べんぎ》を図る見返りにワイロを求めたりしがちだが、日本はこの種のことには清廉《せいれん》というか苦手である。中国の「何でもあり」の行動力とはまったく対照的なのだ。

だから中国とすれば、日本のこれまでの実績、評判、看板を借りたい。日本と手を組むことで受け入れ国の疑念や不信感を払拭《ふっしょく》しようとしている。

二〇一八年五月、李克強《りこつきょう》首相が日中韓サミットに合わせて来日し、公賓《こうひん》として東京と北海道を訪問した。李首相としては就任六年目にしてはじめてのことだった。この年の一〇月、安倍首相も北京を訪問している。多数国での会議への出席を除いて、日本の総理大臣としては約七年ぶりの訪中だった。

そして二〇一九年六月、習近平主席がG20大阪サミットに出席するために来日、「桜の咲くころに国賓として日本へ」と安倍首相が持ちかけて、二〇一〇年の尖閣諸島問題以降、悪化していた日中関係は正常な軌道へと戻ることになった。

中国としては貿易問題で対立するアメリカを牽制する思惑のほか、評判の悪くなった「一帯一路」を再起させるため、日本のブランド力を借りたいという意図も大きい。実際、G20財務相・中央銀行総裁会議（二〇一九年六月、福岡市で開催）を経て、「一帯一路」という名称を使わずに発展途上国向けインフラ整備の協同プロジェクトを推進していくことになった。

ここでは「質の高いインフラ整備」がキーワードになっている。「早い」「安い」が売りものの中国に釘を刺す形であり、「援助を受ける国が債務問題に陥《おちい》らないよう、計画時に考慮する」という内容も含まれたものになった。

日本の政府内にも経済界にも、「一帯一路」を無視することはできないけれども、とはいえ呑《の》み込まれたくはないという思いは強い。そのため、この構想を実質的に利用しながら、日本式の技術移転を推進しようということになったのである。現在は五四のプロジェクトが日中間で協議されており、中国の弱点を、日本がどれだけ補えるかというところで話し合いが進んでいる。

中国だけでは発展途上国の反発や不信感は払拭できず、「債務の罠」の問題をどうやって克服するかという課題がある。一方、人口減少社会で市場も縮小傾向にある日本にとって、最大の通商貿易相手国は中国である。中国市場なくしては日本経済も回っていかない。双方の利益が合致して、この協同プロジェクトとなったのだ。

格差が招く治安の悪化、政情不安

中国は、アメリカに追いつき追い抜くという国家目標を掲げて邁進《まいしん》してはいるものの、足下を見ると地域間の格差、貧富の格差は広がる一方である。中国の地方農村部に行くと、いまだに「貧困をいかにして脱却するか」というスローガンがいたるところに掲げてある。北京や上海、深圳などは東京を上回る勢いで高層ビルが林立し、日本にやってきた富裕層も二〇一八年だけで八〇〇万人以上いる。豊かな生活を享受している人たちが一億～二億人もいる半面、貧困にあえぎ、環境汚染や健康被害に苦しむ国民が圧倒的に多いのだ。

国全体の統計数字としては、アメリカに迫るような経済成長を示している。しかし、中国全体で年間二〇万～三〇万件もの反政府デモが起きており、不穏な動きをネット上で監視して、一つひとつ公安や警察が潰すという実態もある。

国内治安の悪化から共産党政権への不満へとつながるような事態は、どんなにコストをかけても絶対に許さない。それが中国政府の方針だ。

香港では中国本土への〝強制送還法〟（逃亡犯条例改正案）に反対する抗議活動が二〇一九年六月に勃発、その後も拡大して一〇〇万人とも二〇〇万人とも言われるデモが繰り広げられた。中国では、まだこうした大規模な運動が起きてはいないが、将来にわたっても起こらないとは、誰も断言できない。

これは中国がもっとも触れてほしくない問題で、広がると即、台湾にも飛び火する。台湾では二〇二〇年一月に総統選挙が予定されている。これまで中国とのパイプの太い野党・国民党が有利とされてきたのだが、香港の問題が沈静化しなければ民主進歩党の蔡英《さいえい》文《ぶん》総統は、やはり中国と対立せざるをえない。アメリカのバックアップを求めることになり、アメリカも好機と見て最新鋭の武器を台湾に供与するようになった。

米国在台湾協会は、台湾におけるアメリカの実質的な大使館とも言える機構で、台北《タイペイ》に新しく建物が完成した。すぐ裏手に小高い山があるのだが、そこには巨大なアメリカ軍基地ができている。アメリカの海兵隊が、制服で警備にあたるようになった。

建国一〇〇年の二〇四九年までに、中国が軍事力で台湾を制圧するという動きが日ごとに顕在化してきている今、台湾の独立を守ろうとするなら、いちばんの頼みとなるのはやはりアメリカの軍事力である。アメリカとしても中国との対立を想定して、台湾への軍事供与を着々と強化中だ。

アメリカが拠点として強化しているのは台湾だけではない。アジアではタイに力を注いでおり、バンコクのアメリカ大使館は実に四〇〇〇人体制である。タイには中国から続々と人、モノ、カネが入り、中国がアジアで影響力をかざすための橋頭堡になりつつある。万が一に備えて布石を打っているのだ。

中国が勢力拡大のために振りかざすのは、経済力だけではない。周辺諸国に軍事力を見せつけ、自国の利益を確保しようと必死である。台湾海峡で何かの機会に一触即発、火を噴く恐れは否定できない。また、南シナ海で南沙諸島の領有権を主張するベトナム、フィリピン、マレーシアなどと武力を伴うニアミスが起こる可能性もある。米中両国とも、危険な導火線を背負って動いているのである。

財政は逼迫《ひっぱく》しても軍事力強化は止められない

中国は長年、一人っ子政策を続けたことで、少子化以外にも大きな懸念材料が生まれた。軍の弱体化である。「大事な一人息子を、戦争には送り出せない」という、両親と双方の祖父母の意向が強く、もしも戦争になった場合、どのくらい戦えるのかはなかなか判断が難しい。

米中の軍事力について、アメリカのランド研究所やハドソン研究所といったシンクタンクがレポートを出した。それらによれば、「現状ではまだアメリカ優位であるが、五〜一〇年で中国がIT技術を進化させ、アメリカの通信網に致命的なダメージを与えることも可能になる。アメリカも安閑《あんかん》としていられない」とのことであった。

そうした中国の脅威を理由に、アメリカ政府は「国防力を高める必要がある」と、国防予算を増強しているのだ。しかし中国がどのくらい脅威なのかというと、本当のところは分からない。

中国は今、三隻目の空母の建造に着手したと言われている。現在就役中なのは、ウクライナからスクラップ同然で買った空母を改修した「遼寧《りようねい》」だが、艦載機の離着艦もうまくいっていないらしく、評価は低い。もし実戦となっても、脅威にはならないと見られている。国産空母の進捗《しんちよく》も気になるところだが、これからの時代の戦争は、空母と艦載機を繰り出して部隊同士が戦うよりも、コンピュータとネットワーク上の戦い、すなわちサイバー戦争になるとも予測される。

サイバー空間での覇権争いなら、頭脳の戦いである。したがって、高価な兵器を揃《そろ》えるよりも優秀な頭脳の育成が鍵になる。すでに中国はそのための人員を、質的にも量的にも強化していると言われており、アメリカは分《ぶ》が悪いらしい。

ただ、アメリカも中国も相当、無駄なところにお金を投入していることは間違いない。なぜなら、軍隊と軍隊、火力と火力がぶつかり合う可能性がますます低くなるにもかかわらず、それを前提に国家予算を編成しているからだ。

財政は逼迫しているのに、なかなか民生に予算が回らない。税収を確保しようと経済政策で自由競争を緩和すれば、貧富の差が激しくなり、社会問題となって国民の不満は募《つの》る一方である。これが今、アメリカにも中国にも顕著になってきたことなのだ。

アメリカから経済制裁を受ける中露

これまでたびたび触れたが、二〇一九年六月二八日から二九日にかけて「G20大阪サミット」が開催された。先進国と主要新興国、国際機関などの首脳が、世界経済を中心に環境問題やデジタル時代の課題まで意見を交《か》わし、「大阪宣言」が採択されて終了した。

そこには「国際的な貿易と投資は、成長・生産性・イノベーション・雇用創出、開発の重要なけん引力だ」「自由・公平・無差別で、透明性があり、予測可能で、安定した貿易と投資環境を実現し、市場を開放的に保つよう努力する」とあった。アメリカと中国の貿易摩擦によって文言《もんごん》の調整に難航したことが伝えられていたので、宣言までこぎつけたのは「日本の外交の勝利だ」的に持ち上げる向きもあった。ただし、「保護主義と闘う」という文言を盛り込むことはできず、実質的には前回のブエノスアイレスから何も進展がなかったのだが。

しかし、「G20大阪サミット」が意味のない空騒《からさわ》ぎだったわけではなく、私は有意義な時間が提供されたと見ている。私が注目したのは、さまざまな国のトップが大阪に集まった機会を利用し、メディアの目を逃れて二国間や多国間の交渉を行なっていたことだ。

具体的に挙げよう。メディアは注目していないけれども、今後の世界の情勢をもっとも大きく左右する可能性があると思われるのは、ロシアのプーチン大統領、中国の習近平国家主席、インドのモディ首相、この三人が極秘裏に大阪で会談を重ねていた事実である。呼びかけたのはロシアと中国である。この両国には、アメリカから浴びせられた経済制裁を、何とか跳《は》ね返したい、アメリカに対抗したいという共通の思いがある。

アメリカから見れば、目下、中国は最大の脅威になったという認識だ。中国を封じ込めるために「インド太平洋戦略」を打ち出して、インド、オーストラリア、台湾、日本とともに中国包囲網を構成しようとしている。二〇一八年、マイク・ペンス副大統領が来日したときに、このことを大々的に表明した。

ペンス副大統領は、事前に日本側とまったく打ち合わせをしないまま、次のように主張した。

「われわれは中国の『一帯一路』を封じ込める。なぜなら『一帯一路』には明らかに軍事的な隠された意図があるからだ。資金を受け入れた途上国は『債務の罠』に呑み込まれ、次々と中国の軍門に降《くだ》るだろう。これは放っておくわけにいかない」

そして「アメリカと日本が協力して、インドも巻き込み『インド太平洋戦略』による新しい経済圏をつくろう」と呼びかけた。さらに「(アメリカは今、お金がないから) 必要な資金は日本に出してほしい。よろしく頼むよ」と迫られたのだった。

これを受けて安倍政権は、国際協力銀行（ＪＢＩＣ）に指示して「インド太平洋戦略」の基金を立ち上げることにした。「分かりました。いざというときにはアメリカに助けてもらわなければいけないから、とりあえず八兆円の基金をつくります」というわけである。

八兆円という金額は、中国の進める「一帯一路」が一〇〇兆円とされることを思えば比較にならないのだが、ともあれ日本はアメリカの同盟国としての立場を表明したのである。

ロシアと中国の〝接続〟構想

こうしたアメリカの動きには、ロシアも対抗しなくてはいけないという思いが強い。ロシアを軸とした中央アジア地域の経済連合構想「ユーラシア同盟」や、ロシア極東部への外国からの投資を促《うなが》そうと毎年ウラジオストクで開催されている「東方経済フォーラム」、さらにモスクワでも、サンクトペテルブルグでも、旧ソビエトの中央アジア諸国を招いた経済戦略会議など、随所で諸外国との連携を図っている。

「ユーラシア同盟」ではロシア、ベラルーシ、カザフスタン、タジキスタン、キルギスなどが加盟した自由貿易圏「ユーラシア経済連合」をつくりつつあり、プーチン政権はこれと中国の「一帯一路」構想を接続する方針だ。その話を詰《つ》める場は、前述した「東方経済フォーラム」や中国主催の「上海協力機構」である。

こうした一連の動きの中で、軍事的にも中国と手を組む話が出てきたようだ。すでに

「ボストーク2018」という、ロシアと中国の軍事演習が実施されている。第二次世界大戦後では最大規模の演習であり、シベリア極東方面で行なわれたので、明らかにアメリカと日本を仮想敵国として想定していた。ロシアの呼びかけに応じて中国の人民解放軍が大々的に協力していたことを見ても、ロシアと中国の軍事的、経済的な結びつきは強化される一方だと認識しなければならないだろう。

中国とロシアは、決して仲がいいわけではない。だが、この両国を最大のライバルと見るアメリカが、経済制裁や安全保障政策として軍事的な圧力を双方にかけてくる。だから中露は「敵の敵は味方」として共同戦線を張ろうというのである。

ただ、中国とロシアだけでは十分な対抗勢力にはなりにくい。そこでインドに声をかけたのである。インドの人口は一三億人だが、数年で中国を抜くことが確実視される、世界最大の民主主義国家である。中露との連携には、同じユーラシア大陸という地理的なつながりだけでなく、伏線があった。

数年前まで、「BRICS」（ブリックス）と呼ばれる経済成長の著しい国々が注目されていたことはご記憶のことと思う。ブラジル、ロシア、インド、中国、そして後に南アフリカも追加された新興五カ国のことで、アメリカ主導の国際秩序に新しい流れを生みだそうという側面もあった。経済低迷のブラジルは今やアメリカの軍門に降り、南アフリカは政界の腐敗もあって輝きが失われてしまった。

そこで中国が、ロシアとインドに三カ国の連携を呼びかけたのである。たとえば「イランの原油を買いましょう」という提案だ。トランプ大統領の就任以降、アメリカはイランと激しく対立し、経済制裁を続けている。日本もアメリカに従って、イラン原油の輸入をストップ（二〇一九年五月から）してしまった。すると中露印にとっては、ともに「イランの品質のいい原油を安く買えるチャンスだ」となる。また、これまで石油の決済通貨とされてきたドルではなく、人民元やルーブルで決済するとした。

そんな会合を、この三カ国は大阪で行なっていたのだ。

旧ソ連の復活を夢見るプーチン大統領

ロシアは五月九日が第二次世界大戦の戦勝記念日で、毎年、盛大な式典が行なわれる。「大祖国戦争」と呼ばれるドイツとの戦争で、旧ソ連はおよそ二七〇〇万人もの犠牲者を出した。日本の犠牲者が将兵と民間人を合わせて三一〇万人とされるから、いかに凄惨《せいさん》な戦争だったか推察されるだろう。

第二次世界大戦後すぐに、世界はアメリカを盟主とする資本主義陣営と、ソビエト連邦を盟主とする社会主義陣営に二分される東西冷戦の時代となった。ソ連は社会主義陣営に絶大な影響力を誇っただけでなく、軍事力や宇宙開発の技術などでアメリカに対峙《たいじ》して、力による均衡《きんこう》を保っていたのだ。

とくに一九五〇年代までは、ソ連がアメリカを凌駕していた。潜水艦から発射する戦略弾道ミサイルをアメリカに先駆けて開発して配備したり、世界初の人工衛星・スプートニク1号に成功、さらにボストーク1号に搭乗したユーリ・ガガーリンが世界初の有人宇宙飛行に成功したりと、まさにソ連の独壇場という時代があった。

しかしその後のソ連では、増大する一方の軍事費に加え、非効率な国営企業ばかりで経済が停滞、社会主義体制が完全に行き詰まってしまった。このタイミングでソ連共産党書記長となったのがミハイル・ゴルバチョフである。彼はペレストロイカ（改革）とグラスノスチ（情報公開）によって社会主義体制に自由化を持ち込んだのだが、結局、この自由化がきっかけとなって、一九九一年のソ連崩壊へとつながっていく。

ロシアは天然資源が豊富なので、二〇〇〇年代初頭、世界的な石油価格の高騰で大きく成長した時代もある。しかし石油価格が下落すると、天然資源への依存が大きすぎる経済構造もあって、勢いは失われてしまった。

　駆け足でソ連とロシアの現代史を説明したのは、今、ロシアのプーチン大統領が何を目指しているのかに触れるためである。

　ロシアはアメリカや中国と比べると人口も少なく、石油価格が低迷している現在、経済も低調だ。そんな中でプーチン大統領は、国民を束ねて未来に向かわせようとしている。その原動力は、「崩壊した旧ソ連を復活させよう！」と愛国心に訴えかけるアピールだ。すなわち「旧ソ連の復活」こそ、プーチン大統領の夢なのである。

「中国の夢」が、偉大な中国の復活を目指して西欧列強に蚕食《さんしょく》される前の輝かしい時代を取り戻そうとするように、「プーチンの夢」もまた、強かったソ連の栄光を理想として追い求めているのだ。

北方領土問題の現実

　日本とロシアの間には、北方領土問題が懸案のまま横たわっている。「G20大阪サミット」で来日したプーチン大統領と安倍首相は、二六回目となる首脳会談を大阪で行なったが、ロシア側の論理を盾《たて》に取るプーチンを相手に、領土問題は一歩も前進していない。

北方領土についての、ロシア人の言い分はこうだ。

「一九五六年の日ソ共同宣言では、たしかに第八条に『平和条約が締結されたあかつきには、歯舞《はぼまい》・色丹《しこたん》群島の主権を日本に返還する』と書かれている。しかし、いちばん大事なのは共同宣言の第一条だ。そこには『ソ連も日本もお互いの政治経済、文化の交流を通じて信頼関係を築き、平和条約を結ぶ』と述べられているのに、日本はこの第一条をまったく無視して、第八条の『二島を返してくれ』ばかり言ってきた。それは第二次世界大戦でソ連が戦勝国であることを日本が認めていないから、そんなことばかり言うのだ」

と、これがロシア側の論理である。

日本の主張は「日本がポツダム宣言を受諾した後、ロシアが日ソ中立条約を破って、カムチャツカから北方四島にまで入ってきた。北海道まで窺《うかが》っていたのは明らかに国際法に違反する」ということだから、ロシアの理解とはまったく逆である。

「日本がナチスドイツと日独伊三国同盟を結んでいた。ヨーロッパ正面でロシアに侵攻したナチスに日本が協力した。これは明らかに日ソ中立条約をその時点で日本が破っていたのだから、北方四島の問題でごちゃごちゃ言われる筋合いはない」

ロシア側はそう言って、耳を貸そうともしない。あくまでも、日ソ間の友好親善の証《あかし》として平和条約が結ばれたなら、ロシアは「善意で」二島を返還する用意はある、そのためにはまず日本が善意を示せ、と言うのである。

つまり、「第二次世界大戦で勝利をした結果が、今の領土として確定している」というのがロシア側の言い分だ。だから、プーチン大統領もメドベージェフ首相も、彼らから日本に歩み寄ることはできない。ロシアが歩み寄りを決断するような「何らかの形」を日本が示せば考えてみてもいい、といった話なのである。

「何らかの形」の一環として、北方四島の共同経済開発計画が存在している。ただ、もう三年以上も議論の俎上《そじょう》には載せているのだが、現実には何一つ進んでいない。

ロシアは、日本には真面目《まじめ》にこの問題を解決しようとする気持ちがないと見切りをつけて、中国や北朝鮮、韓国と一緒に開発を進める方向にシフトチェンジした。

一時期、ロシアの国内経済が疲弊していたころ、「日本がお金を出してくれるのであれば、場合によっては四島を返還(売り渡し)してもいい」という風向きもあった。しかし、その後ロシア経済が持ち直してくると、空港や港湾、病院、学校などの整備が進められて、インフラも整ってきている。こうした工事では北朝鮮の労働者もたくさん働いており、機材や資材の多くは中国製、韓国製なのである。

かつてロシアの極東地域は、開発どころか病院や学校も十分ではなかった。大やけどを負った幼児が、自衛隊機と警察のヘリコプターで札幌に運ばれて命を救われたことを記憶されている方もいるだろう。一九九〇年のことだが、今はそんな緊急輸送の必要もなくなっているようだ。

本質的なところでは中国を信用していない

地球温暖化の影響で北極海の氷が溶けて、近年、中国から日本海と北極海を通ってヨーロッパへと行く航路が通行できるようになった。夏季の三カ月間ほどであるが、スエズ運河や喜望峰を回る南回りと比べ、はるかに時間とコストの節約になることは言うまでもない。

途中にあるロシアの港は、ほとんど老朽化して使いものにならない。そこでロシアは、中国にお金と技術を出してもらおうと目論《もくろ》んでいる。

中国とロシアが協力して新しい輸送ルートを確保することになると、北方四島は新しい北極圏航路の出入口としてきわめて重要な拠点になる。したがってロシアとしては、ますます四島を簡単に手放せない状況だ。

以前から、プーチン大統領は北極圏航路を含め、第一、第二シベリア鉄道を最大限に活用する「ユーラシア同盟」構想を強めている。この「ユーラシア同盟」と習近平主席の「一帯一路」を合体させる構想が進んでいるのは先述したとおりである。

こうしてロシアと中国の関係強化は進む。とはいえ、両国はお互いに全幅《ぜんぷく》の信頼を置いているわけではない。ソビエト時代の一九六三年三月、アムール川の支流、ウスリー川の中州《なかす》をめぐって領有権を争い、中ソ全面戦争や核戦争にもなりそうな危機が生じたこともあった。

これに先だって、社会主義国同士の路線対立が起きていた。それまで資本主義陣営との戦争は避けられないとしてきたソビエト共産党が、平和共存路線への転換を図ったことに対し、毛沢東を中心に中国共産党が猛反発したのだ。ここから中ソ関係が悪化して、国境紛争まで発展していったのであった。

そして今、停滞するロシア経済に対し、驚異的な経済力をつけて中国は「バイカル湖はもともと中国の領土である」と主張し始めた。ロシア最大の湖、バイカル湖は帝政ロシアが武力で中国から割譲《かつじょう》を受けた歴史的経緯がある。それを中国は取り戻そうとしているのである。

バイカル湖の周辺には、ロシア人があまり住んでいない。その代わり、世界自然遺産に選定された風光明媚《ふうこうめいび》な景観もあって、中国の観光客と観光業者が猛烈な勢いで進出している。周辺のリゾート開発はもとより、「バイカル湖の水」をブランド化した中国のメーカーがヨーロッパに売りまくっているほどである。

ロシアにとっては、「人口の少ない地域に、観光客や観光業者を足がかりにして、中国から農民や移民が大量に流入するのではないか」という恐れもある。同じ共産党国家でありながら、今もロシアは本質的なところで中国を信用していないのだ。

こうしたロシアの動きからも、そして中国からも距離を置く国がある。

それは日本である。

ロシアは人口減少の問題もあって、「プーチンの夢」が簡単に実現するとは思えない。また、ロシアには未開発の資源が多いという魅力もある。

中露が協力した上で並行して走るような動きは、たしかにある。しかし本質的なところで両者間の温度差はきわめて大きい。日本とすれば、そこを見極め、アメリカの力も利用しながら中露の一体化をいかに防ぐのかを考える必要があるだろう。

トランプ大統領の「国後島《くなしり》カジノ構想」

以前からアメリカのトランプ大統領は、北方四島で二番目に大きな国後島にカジノやリゾートを建設する構想を温めていた。

なぜ国後島か。これには少し複雑な背景がある。大西洋単独無着陸飛行に成功したチャールズ・リンドバーグ氏をご存じと思うが、彼は大西洋での冒険飛行に成功した後、ニューヨークからカナダ、アラスカを経由して日本、中国への飛行にも成功している。

その途中で濃霧に阻《はば》まれ、不時着したのが国後島沖だった。日本人漁民に救助され、一命を取り留めた。現地の日本人の家に一泊後、ふたたび飛び立ったのである。国後島には、そのことを記念するリンドバーグ氏の記念碑が、日本人の手によって建てられている。やや余談になるが、今、日本とアメリカ東海岸を結ぶルートとして使われているのが、このときリンドバーグが開拓した北太平洋航路である。

冒険飛行家が代名詞のようなリンドバーグ氏だが、アメリカの孤立主義（モンロー主義）を唱える共和党員としてもよく知られる存在で、「アメリカ・ファースト！」を主張するトランプ大統領が心酔するのも不思議はない。ただ、彼が国後島とリンドバーグ氏の縁に目をつけたのには、さらに前段階があった。

大統領就任前からトランプ氏は、モスクワにトランプタワーを建設したいという願望があり、自分の息子たちも含めてロシア側と交渉をしていた。ところが、ヨーロッパ正面のロシアに外国のカジノをつくるには条件が厳しく、交渉は難航していた。

一方、シベリアから極東、とくに北方四島は未開の地に等しい状況だったので、もしトランプ氏がそこに投資してリゾートをつくるのであれば、例外的に認められる可能性が出てきた。こうした状況があって、大統領就任後は日本を通してこの問題をロシアと協議しようと考えたようである。

国後島にカジノができれば、日本とロシアとアメリカが共同でビジネス展開することになる。お客は中国の富裕層を呼び込もうという構想だ。トランプ氏は日本から投資を求める話を、しばしば日本人に持って回っていた。「日本のドナルド・トランプ」との異名を持つ、イ・アイ・イ・インターナショナルの高橋治則《たかはしはるのり》社長（故人）とも、生前この構想をめぐって大いに議論していた。

もちろん実現には至らなかった。ただし、ロシアにはさまざまな形でアメリカともパイプがあると分かる一例だ。また、中国を動かして、北朝鮮にも影響を及ぼすことができる。これにはロシアから朝鮮半島を南北に貫《つらぬ》いて走る縦断鉄道に、これもロシアが協力をほのめかせばいい。中国にとっても「一帯一路」を朝鮮半島まで延伸することになる。まさに中国とロシアの思惑が一致する。

韓国には釜山《プサン》と福岡をつなぐ海底トンネル構想があるのだが、二〇年ほど前から議論だけが続いて実現のメドは立っていない。これに対してもロシアが働きかけることは十分に可能である。

米大統領選挙でのサイバー攻撃

トランプ政権の足元を揺さぶり続けているのが、二〇一六年の大統領選挙にロシアが干渉したとされる「ロシア疑惑」である。疑惑の発端は「ロシアがトランプ政権の誕生を後押しするため、対立候補のヒラリー・クリントン陣営にサイバー攻撃を仕掛けて選挙に干渉した」と、アメリカの情報機関を統括する国家情報長官室が分析をもとに断定したことである。メディアの追及が進み、FBIも捜査に乗り出して、疑惑はどんどん深まった。

ロシア政府がトランプ氏の選挙陣営に応援を申し出て、当時の選対本部長とトランプ氏の長男・ジュニア氏、娘婿《むすめむこ》のクシュナー氏がこれを受けて共謀したことなどが明るみに出た。ロシアのIT企業がSNSなどを通じ、アメリカの企業や市民を名乗ってトランプ氏を支援する投稿や広告を載せたり、対立候補のクリントン氏が不利になるようなフェイク情報を流したりしたという証言も飛び出した。アメリカ国内の分断が目的だったと言われる。

またロシアの軍参謀本部情報総局（ＧＲＵ）が、クリントン氏のボランティアや職員のパソコンをハッキングして、選挙戦略や資金集めなどの情報を盗んだという捜査結果もある。ロシアが政府レベルで、不法なアクセスやサイバー攻撃を繰り返していたことになる。

捜査が進展していく中で、トランプ大統領はＦＢＩ長官を解任するなどしたため「司法妨害をしているのではないか」という疑惑も新たに浮上する始末だった。

トランプ大統領の側近が離反したり、司法取引による新たな証言が出てきたりで、ドラマのような展開だが、もちろんトランプ氏自身は頑強に否認している。捜査が大統領本人に及ぶかどうかは不明だが、この疑惑が示すように彼自身のロシアとのつながりは強い。

ロシアがトランプ氏に相当、恩を売っていることは間違いない。トランプ氏がカジノ経営で失敗を繰り返したときに、最後に救ってくれたのはロシアのカジノだった。

「Ｇ20大阪サミット」でトランプ氏は、「次の大統領選には介入しないでくれよ」と冗談めかしてプーチン氏に言って笑いを取っていたが、少なくとも頭の片隅でこの問題を意識していることは確実のようだ。

インド——成長する「世界でいちばん若い国」

今、インドの人口は一三億四〇〇〇万人で世界二位。これがあと四、五年で中国を追い越して世界一になることが確実視されている。中国は一人っ子政策により、少子化が進んでいるためだ。その点、インドはまったく産児制限がなかったから、人口は増え続ける。しかもインドは若年層が非常に多く、人口ピラミッドを見ると、二五歳以下の人口が国民の過半数を占める。「世界でいちばん若い国」と言っても過言ではない。

これは近い将来、労働力が豊富に供給されることを意味している。インフラ整備が進むとともに、大きな経済成長が見込まれるのも当然である。

巨大な人口を抱える中国と比較すると、インドの特徴がよく分かる。中国には超富裕層がたしかに大勢いるが、前述したように地方では貧困層も非常に多く、貧富の格差がものすごい。これに対してインドでは、超富裕層はいないけれども、中間層が中国と比べるとはるかに厚い。この中間層が大きな購買力、大きな発言力を持っているのだ。

インドの人たちは「将来インドと中国がぶつかったときには、われわれインドが最終的には中国に勝つ。中間層があるからだ」とよく言っている。

とはいえ、かつてのカースト制度の残滓《ざんし》も存在する。現在は憲法で禁止され、就職でも差別はされないのだが、結婚はカーストが異なるとなかなか認められないという。その結果、中国ほど激しくはないけれども、やはり貧富の差、地域間の格差が生じる。

しかもインドは、憲法が認める言語だけで二二もある多民族国家だ。ルピー紙幣には何十もの言語、民族が表記されている。これを一つの国にまとめるのは、私たち日本人にはひどく大変なことに思える。

しかし、ナレンドラ・モディ首相は、先の選挙でも圧倒的な勝利を示したように、国民に対するコミュニケーション能力がとても高く、説得力がある。新奇性やチャンスはカオス（混沌《こんとん》）と多様性の中に生まれるのだから、うまく舵取りすれば、多民族国家の強みを発揮できるはずである。

まさしくインドは何もかも呑み込んで、成長を続けていく国なのだろう。

そしてもう一つ、インドの特徴は、世界最大の民主主義国であることだ。アメリカはインドに戦略的な価値を見出しているが、民主主義の価値を非常に高く評価するアメリカにとって、感覚的にもなじみやすいのである。

歴史に裏打ちされた親日感情の強さ

インドはユーラシア大陸の南、「インド亜大陸」と称される地域に位置する広大な国だ。以前、私はインド西部のコルカタ（カルカッタ）から北部のニューデリーまで鉄道で移動したことがある。その距離は約一五〇〇km、二〇時間くらいは乗っていたと思う。車窓に広がる農村風景は、何時間走っても変わらない。ただ太陽の位置だけが動いていく感覚にインドの大きさを実感した。牛がとても神聖な動物とされているので、街中では人やクルマと動物が混在している。悠久《ゆうきゆう》の時間と混沌がそこにあった。

こうしたお国柄なので、日本と価値観の違う部分もあるけれども、インドの人たちは日本にとても親近感を持っている。

歴史を遡《さかのぼ》れば、仏教発祥の地であるインドと日本は古くから文化的な交流があった。二十世紀前半、インド国内でイギリスからの独立運動が高まったとき、思想家の大川周明《おおかわしゆうめい》が協力した。また、昭和初期に日本に亡命していたラス・ビハリ・ボースが支援者の相馬愛蔵《そうまあいぞう》・黒光《こつこう》夫妻に教えたのが、東京の「新宿中村屋」のカレーライスで、今も人気のメニューとなっているのはよく知られた話だろう。

第二次世界大戦で日本軍はインド独立を掲げていたから、インドの独立運動家で、今も政治家として評価の高いチャンドラ・ボース（「中村屋」のボースとは別人）は、インド国民軍を率《ひき》いて日本軍と一緒にイギリス軍と戦った。戦後、東京裁判でも唯一日本を擁護したのは、インドのラダビノード・パール判事だった。彼は「戦勝国によりつくられた事後法で裁くことは許されない」と、きわめて正当な主張をしている。

ともに苦しい時期を支え合ってきた歴史的経緯もあって、インドの親日感情は強い。この友好関係は大切にしなくてはいけない。

二〇〇五年以降、日本とインドの間では、トップが毎年交互に訪問して首脳会議が開催されている。安倍総理はトランプ大統領と頻繁に会談し、プーチン大統領とも機会あるたびに会談しているが、毎年お互いに訪問し合うことが制度的に位置づけられた形になっているのはインドだけなのである。

安倍総理とモディ首相は、すでに計一三回の首脳会談を行なった。両国とも友好関係を深めようとする姿勢は高く評価するべきだろう。

インドの高速鉄道が日本の新幹線方式で新設されることになったのも、こうした長年にわたる取り組みの成果である。この高速鉄道は、金融の中心地・ムンバイと、大規模なビジネス街のあるアーメダバード間、約五〇〇kmを結ぶもので、所要時間は現状の約八時間から三時間前後にと大幅に短縮される。

このプロジェクトに日本は資金と技術を提供することになっており、すでに運転士や安全な運行に必須の保全要員の訓練など、インド人スタッフの育成が進められている。

ファーウェイをしのぐ研究開発

伝統的にインド人は数学に強いと言われ、「ゼロの発見」は有名である。ゼロを使う記数法は、計算するのに圧倒的に優《すぐ》れている。

たとえば「73801」を日本の漢数字を使った記数法で表わすと「七万三千八百一」となる。足し算でこれに「18325」加えるのと「一万八千三百二十五」を加えるのとでは、どちらが簡単なのかは言うまでもない。

またローマ数字では「10」をX、「50」をL、「100」をC、「500」をD、「1000」をMで表わすので、数の大小と桁数が一致しない。「610」は「DCX」だが、「349」は「CCCXLⅨ」だ。読み取るだけでも大変である。繰り返すが、ゼロを使う記数法がどれだけ優れているか分かるだろう。

伝統的にインドでは、哲学や数学のような抽象的で知的な学問が重視されてきた。

現在のインド人が数学やコンピュータに強いのは、そうした背景に加え、学校で数学教育に力を注いでいることが大きい。日本の義務教育で習う「掛け算九九」はその名の通り九×九までだが、インドでは一九×一九まで覚えるのだという。

日本人も海外に行くと「数字に強いね」と認識されている。その理由は「掛け算九九」を暗唱させているからだとされる。数字や暗算の能力が世界的に見ても高いのは「掛け算九九」のおかげである。苦労する子もいるだろうが、義務教育で全員が練習することが大事なのだ。これをインドでは一九×一九まで覚えるのだから、数字や数学のレベルが底上げされるのも納得できる。

こうした数学教育の土壌があって、インド人が理数系やコンピュータに強かったこと、そして印僑《いんきょう》（海外に移住したインド人）が世界中に散らばっていたことが、インドが今のIT大国になった理由である。

インドの高等教育はよく整備されており、レベルも高い。非常に優秀なエンジニアが大勢いる。IT産業の黎明《れいめい》期、彼らの優秀な頭脳に着目したのがアメリカに渡った印僑だった。世界のＩＴ産業自体、アメリカとインドの相互作用でできあがったと言われるほど、この分野で両国は密接だった。

インドからアメリカに留学する人たちが増えたことも、言うまでもない。カリフォルニアのシリコンバレーでインド人が活躍し、ＧＡＦＡなど世界を変えてしまうようなプラットフォーマーも、インド人（と中国人）なしには成り立たない。

５Ｇの開発一つを取っても、インド人に言わせると「われわれはファーウェイの上を行く研究開発に着手している。遅かれ早かれ中国を抜く」と自信満々である。

インド人のエリートたちは自己主張が強く、徹底的な議論を厭わない。議論に慣れていない日本人は音《ね》を上げてしまいがちだが、彼らの頭脳や高い技術力は折り紙つきなのだから、積極的につきあっていくことが大切だ。

「インド太平洋戦略」でも、したたかさと賢さを発揮

今後もインドが大きく発展していく可能性を秘めていることに疑いはない。名実ともにＩＴ大国として、世界に大きな影響力を与える存在になりそうだ。

「インド太平洋の時代」と言われる現代、アメリカ、台湾、オーストラリア、日本といっ

た国々とインドとの間では、定期的な情報交換、政府間協議の場が持たれている。

日本とインドで政府間の定期的な首脳会談が続けられていることは先にも触れたが、日本国際問題研究所という外務省の外郭団体もインドのシンクタンクとの連携を強化しており、そこには台湾も必ず入れている。

ただ、インドは「インド太平洋戦略」でもアメリカに全面的になびくわけではない。ロシアから戦闘機を大量に購入することで、アメリカとも一線を画している。そしてイランからも原油を買う。外交的に、安全保障の面では独自の道を歩むのがインドなのだ。そこに目をつけた中国とロシアが、何とかインドを引っ張り込もうと画策している。

インドは各国の思惑や戦略的な意味合いをよく理解し、自らを売り込むしたたかさと賢さを併せ持つ。こうした懐の深さは、やはり大国の風格がある。

１章の「⑤イラン」の項で述べたが、中国は今、「一帯一路構想」の要素としてパキスタンを取り込むことに熱心である。中国西部からパキスタン経由でインド洋に出ると「海のシルクロード」につながるからだ。中国はこれを「パキスタン回廊」と位置づけ、意欲的に取り組んでいる。

ただこの中国の動きに、インド、パキスタンの両国とも警戒心を隠さない。しかもこの三カ国は核を持っている。このあたりはお互いにとっての不安定要因である。

先日、ある国際会議でインド有数のシンクタンクの研究部長にお会いした。彼はインド国軍の元大将という人物だが、「中国は世界の混乱要因だ」と述べ立てて、中国に対する対抗心や警戒心は強烈であった。インドの軍出身者の間では、中国に対する抜きがたい不信感があるようだ。

日本はインドともパキスタンとも比較的良好な信頼関係を築いている。それでも目が離せない状況と言えよう。

3章　日本の潜在力

資源国としての日本

「日本は資源がない国」「資源を外国から輸入、加工して製品を輸出する加工貿易の国」――小中学生のころ、そう教わった人は多いかもしれない。たしかに原油、天然ガス、石炭といった化石燃料は、ほとんどを海外からの輸入に頼っている。鉄鉱石や羊毛、綿花、天然ゴムなども、ほぼ一〇〇%が輸入である。そうした資源がない状況は昔も今も変わらない。日本が背負った〝宿命〟とさえ言えるかもしれない。

加工貿易に関しては、四〇~五〇年前は主な輸出品が繊維製品や船であった。それが家電製品や自動車が主力商品という時代変化を経て、今は電子部品や炭素繊維などの素材へ、つまり高度な科学技術で付加価値を与えて輸出するビジネスへとシフトしている。

その意味では、たしかに「資源がない国」であり「加工貿易の国」だと言えるだろう。産業の面から言えばそのとおりで、日本はこの前提で工業立国、貿易立国による経済成長を遂げてきたのである。だが、読者もお気づきのように、これは日本という国のほんの一面しか見ていない。〝宿命〟と諦《あきら》めることなく、視野を広げ、視点を変えてみよう。

たとえば、日本は世界有数の海洋大国である。排他的経済水域（EEZ）の面積は四四七万平方kmで世界第六位。海流や海底地形のおかげで、日本近海は水産資源の宝庫である。漁獲量が多いだけでなく、魚種の多さでは世界でもトップクラスなのだ。

また、国土の七五％が森林であることも大きな特徴だ。これは日本が豊かな水に恵まれていることと密接に関係している。北海道の土地を、中国が水源地として買いあさることが問題になったように、日本の水は何としても手に入れたい魅力ある資源なのである。

「持っていないもの」は気づきやすく、「持っているもの」は当たり前すぎて気づかないという側面もある。もちろんそれは天然資源に限らないのだが。

本章で、日本が「未来の大国」たりうる要件、強みについて述べるにあたって、まずは日本の魅力的な資源を見ていくことから始めよう。

技術はあるがビジネスが下手

森林がもたらす豊富な水に恵まれ、しかも四方を海に囲まれている日本には、世界に冠たるさまざまな水関連の技術の蓄積がある。「水処理」と言われる技術で、川の水や地下水を飲料水や工業用水にする上水道はその一部だ。

たとえば半導体製造での洗浄用途なら、ほとんど不純物がゼロの超純水が必要になる。海水の淡水化や水のリサイクル、節水の技術も水処理の一環であり、排水が環境へ及ぼす負荷《ふか》が少なくなるようにする再処理技術も重要だ。

とくに中東地域で高く評価されているのは、海水の淡水化で使うＲＯ膜（逆浸透《しんとう》膜）である。この膜には電子顕微鏡でも見えないくらいの小さな穴が空いていて、海水に圧力をかけて透過させると、塩分のイオンは通り抜けられないので淡水が得られる。塩分どころか不純物を完璧に近く取り除いて超純水をつくることもできる。この特殊な膜の技術は、日本が世界を圧倒的にリードしているのだ。

これは一例で、水処理に関して日本は実に幅広い技術を蓄積している。だが、惜《お》しむらくは、それを十二分に活かしているとは言えないことだ。

都市国家のシンガポールは国内に水源地がないので、長年にわたって隣国のマレーシアからパイプで大量の水を買っていた。命脈《めいみやく》の水を他国に頼るのはリスクとなる。だから海水を淡水化し、使った水は最大限リサイクルするシステムを導入した。家庭廃水も工業廃水も、浄化システムを通して再利用しているのだ。この浄化システムは、ほぼ一〇〇％を日本から導入したものなのである。

ところが、そうやって得た技術を改良して、シンガポール製の技術として中東や中国本土に販売しているのだ。

中近東や北アフリカでは、日本の水処理技術が非常に高く評価されてはいる。しかし、特許から得られる使用料や、水を管理することによって得られる代価など、その技術を使ったビジネスの展開において、日本はまったくと言っていいほど利益を得られていない。もともと技術が日本発であるにもかかわらず、である。

技術は開発しているのに、日本はいちばん損な役回りになって、おいしいところは欧米の「水メジャー」が持っていってしまう。それが実情だ。

水ビジネスの海外展開に向けて

「水メジャー」とは、上下水道ビジネスで世界に君臨する巨大企業のことである。影響力の大きさをメジャー（国際石油資本）に見立ててこう呼ばれている。一般に、フランスの「スエズ・エンバイロメント」「ヴェオリア・ウォーター」、英国の「テムズ・ウォーター」を指しており、この三社が世界の水を牛耳《ぎゅうじ》っている。日本は単なるパーツメーカー、あるいは納入業者の地位に甘んじたままである。

本来、水道事業を管理運営することで利益が上がるのだが、そのいちばんおいしいところをすべて三大水メジャーに吸い上げられてしまっているのである。

さすがに「これではまずい」ということで、ようやく日本政府も腰を上げ、官民が協力して水事業ファンドを立ち上げようという気運になった。

経済産業省が音頭をとり、ＪＢＩＣ（国際協力銀行）や野村ホールディングスなどに呼びかけ、水事業に特化したファンドで一〇〇〇億円規模の資金調達をする計画である。日本の水企業が、もっと活躍して利益も上げられるように、海外での事業展開を支援する動きが遅まきながら出てきた。

また、「東京の水」をブランド化してペットボトルで販売する東京都は、ベトナムの水道事業に全面的に技術協力をする話を今、進めているところだ。

清浄な水道水をつくるには、基本的に濾過《ろか》と消毒の段階を経なければならない。濾過にもさまざまな方法があるのだが、最近、大きな注目を集めているのが微生物のパワーを活かした「生物濾過」である。下水処理では、排水中の有機物を微生物に食べさせて処理する方法が一般的だが、日本では上水道でも微生物を使って浄化する技術が実用化されている。

ベトナムやカンボジア、ラオスといった国々で、この微生物を活用する方法が導入され、インフラ整備が着々と進んでいる。

水の浄化をはじめとする水処理関連の技術は、先端素材から工事技術まで含めて、日本が大きく世界に貢献できる分野であり、ビジネスに活かせる可能性が高いのである。

「水大国」日本のライフスタイル

「バーチャルウォーター」という概念をご存じだろうか。

これは「その食糧を生産するとしたら、どのくらいの水が必要か」を推定したものだ。たとえば1kgのトウモロコシを生産するには、一八〇〇ℓの水を必要とするそうである。したがって食糧自給率の低い日本は、バーチャルウォーターとして大量の水を海外から輸入していることになる。

水問題とは食糧問題にほかならない。食糧安全保障という観点からも、水問題は真剣に考える必要がある。

世界的に人口は増えており、食糧の増産が追いつかない状況にある。たとえば一九六〇年のデータでは、世界全体で見て一ha（ヘクタール）の農地で二・五人の胃袋を満たす食糧生産で十分だった。それが二〇〇五年になると、四・五人に増えてしまった。将来、二〇五〇年になると一haあたり六～七人の胃袋を満たす食糧生産が必要となる。つまり、現状のままでは大変な食糧危機、食糧不足になると危惧されるのだ。

ちなみに日本はどうかというと、一haから何と三〇人分を支えるだけの食糧生産能力がある。それを可能にしているのが水なのである。

海洋に囲まれた日本列島では、海を渡った風が山地にぶつかって雨を降らせるため、有史以前から豊かな森林に覆《おお》われていた。降った雨は、森林があることで土壌に蓄えられ、ゆっくりと時間をかけて川に流れる。もし森林がなかったら、雨は一気に表面を流れてしまうので、大地は削《けず》られ荒廃してしまう。

森林のおかげで豊富に水のある日本では、縄文《じょうもん》時代から稲作が行なわれてきた。日本人は水を大切にして、きちんとコントロールすることで米を収穫し、命をつないできたのだ。

稲作では田植えの前の一定期間、田んぼに水を張っておく。これは酸素がないと生きられない土の中の病原菌や害虫を退治するためだ。こうした営農技術が、昔から連綿《れんめん》と伝えられてきたのである。水が豊富ということは、一方で水害が多いことも意味している。水を大事にして、どう向き合うか。それは日本人の共通認識だったのである。

最近は、農家の高齢化や後継者難で耕作放棄地が増えている。しかし、水を大切にして自然と共存する農業を続け、食糧生産を大きく伸ばしてきたのが日本人の本来の姿である。

また十九世紀の江戸は、世界でも最大級の人口一〇〇万都市だったことが海外でも広く知られている。それが可能になったのも、傾斜の緩《ゆる》い武蔵野台地に玉川《たまがわ》上水を開削《かいさく》して多くの都市住民を潤《うるお》す高い水道技術があったためだ。

水資源の豊饒《ほうじょう》な国であることにとどまらず、水と、水を扱う技術を社会生活に活かしてきたという意味で、日本には「水大国」の資格があると言っていい。日本人が長年にわたって築いてきた「水と生きる」「自然と共生する」というライフスタイルは、技術とともにもっとアピールできると思う。

中国は水で滅ぶ

豊かな水に恵まれた日本とは対照的なのが、世界最大の人口を抱える中国だ。国土のいたるところで水不足と水の汚染が発生し、黄河《こうが》が流量不足で干上《ひあ》がったり、揚子江《ようすこう》の支流に真っ赤な水が流れたりしているような状況である。周辺の工場からの廃液や、家畜の飼育などで汚染された農業用水がそのまま流されているのだ。

そんな水と土壌からつくられた汚染野菜は「毒菜」（ドクチョイ）と呼ばれた。

二〇〇八年の北京オリンピックでは、選手村で提供される食事について国際オリンピック委員会が「中国で採《と》れた野菜や果物は選手の健康にとって悪影響があるから、一切使用してはならない」という通達を出したほどだった。水の汚染のために、中国で収穫される農作物がいかに危険なものになっているか、この一例からも分かる。

最近はＰＭ２・５をはじめとする大気汚染や、空を覆う黄砂《こうさ》の凄まじさがニュースになる。黄砂による健康被害は、海を越えて日本にも押し寄せているほどだが、これは中国で砂漠化が急速に進んでいることの証左だ。このままでは、全人口の六割が砂漠に飲み込まれる可能性さえあるという危機的状況にある。

水質汚染と砂漠化、水不足――こうした問題を解決しなければ、中国の農業生産は改善されない。「中国は水で滅ぶ」と言っても決して過言ではない。

日本は一九九八年に国連の砂漠化対策条約を批准《ひじゅん》して、中国をはじめ世界各国の砂漠化対策のために、資金面でも技術面でも支援活動を続けている。

中国が経済成長を維持していくためには、砂漠化の防止、飲料水や農業用水の確保、排水の浄化処理といった技術が死活的に欠かせない。これは日本にとって外交上も非常に有効な切り札になるはずだ。

日本は、一般の中国国民がいかに環境問題や健康問題で悩んでいるのか、水問題で困っているのかを知り、こうした人たちに対して直接的に「解決策が日本にある。手を差し伸べたい」とアピールしていくことを考える必要がある。民衆からの圧力には中国政府も耳を貸さざるをえなくなるからだ。

日本の海底資源①——メタンハイドレート

前述したとおり、日本は排他的経済水域（EEZ）では世界第六位の海洋大国である。四四七万平方kmという、想像するのも困難なほど広大な排他的経済水域の海底には、とても重要な二つの資源が眠っている。この財産を活用できるかどうかが、これからの日本の命運を握っていると言って間違いないだろう。

その一つが、「燃える氷」と呼ばれるメタンハイドレートである。メタンガスが水分子と結びつき、氷状になったものだ。これが日本近海に大量にある。エネルギー資源に乏《とぼ》しく、海外に依存するしかなかった日本が、一気に形勢逆転でエネルギー大国になる可能性がある。

日本の大手建設会社やエンジニアリング企業が参加する「日本プロジェクト産業協議会」の分析では、日本のEEZ内に眠るメタンハイドレートの商業価値は一二〇兆円を下らないとされ、商業化されると年間五万五〇〇〇人の雇用を生むと報告されている。

「夢のような話」と思う人もいるだろうが、政府もメタンハイドレートの可能性は認識しており、「メタンハイドレート資源開発研究コンソーシアム」（略称「MH21」）を立ち上げて、二〇一三年から和歌山県や鳥取県、島根県の沖合で、世界初となる海洋産出試験を行なっている。

ただ、楽観視してばかりもいられない。穴を掘れば噴出する天然ガスとは違い、メタンハイドレートは氷状の固体だから、そのままでは採取できないのだ。すなわち、採取の技術を開発する必要があるのだが、実はこの面でも日本は世界の最先端を走っている。

二〇年ほど前にカナダの永久凍土で、カナダ、アメリカ、日本、ドイツの四カ国がメタンハイドレートの試掘を始めた。このとき、アメリカやドイツの企業が舌を巻くほど日本の技術は優れていたのである。これに勇気づけられて、日本政府は二〇一七年までに一〇〇〇億円を超える研究開発費を投入、二〇一七年五月には南海トラフでの採取に成功している。

現在、メタンハイドレートは生産技術の開発競争という状況にあるが、日本が世界の先頭を走っていることは間違いない。本格的な実用化には、採掘コストを下げて商業ベースに乗せなくてはならないから、険《けわ》しい道のりが待っていることだろう。それでも二〇二三年から二〇二七年の間には実用化の目途がつくとも言われている。

「日本にはエネルギー資源がない」という固定概念を卒業できる可能性が高まりつつあるのだ。

日本の海底資源②——レアアース泥《でい》

日本のEEZに眠るもう一つの財産が、深海の「レアアース泥」である。

ご承知のようにレアアースとは、LEDやICなどの電子部品、次世代自動車の高性能モーター、小型軽量バッテリー、環境対策に必須の触媒《しよくばい》などに使われる希土類《きど》元素のことだ。テレビやスマホ、通信・輸送交通システムから、ミサイルの誘導制御システムなど防衛装備まで、性能の鍵をレアアースが握っている。レアアースを使う産業は、年間五兆円の市場規模があり、ハイテク産業の命と言われるほどである。

ところが世界のレアアース鉱床は中国に集中し、中国が産出量の九七％を握るという非常にいびつな供給体制にある。

そんな現代に必須の戦略物資を含む泥が、南鳥島《みなみとりしま》周辺の海底で大量に見つかったのだ。それも世界需要の数百年分に相当するという莫大な量である。二〇一一年、太平洋の海底に一〇～七〇mの厚さで分布していることが確認されてさらに調査が進み、その開発は十分に現実的だと判明した。

しかも中国で産出されるレアアースと比べると、レアアース泥は含まれる希土類元素の濃度が二～五倍と高く、南鳥島の海底では約二〇倍という超高濃度のレアアース泥が発見されている。しかも、「重レアアース」と呼ばれ、より価値が高いとされるジスプロシウムやテルビウム、イットリウムなどを多く含む。燃料電池に使われることで近年、需要が増大するスカンジウムも同時に採取された。約二四〇〇年分もあるという。

採取したレアアース泥は、薄めた酸《さん》の中に三時間ほど浸《ひた》しておくだけで、高品質のレアアースを抽出できることが実験から明らかになっている。

中国のレアアース鉱山では直接、塩酸や硫酸《りゅうさん》を流し込むために周辺の環境破壊が問題視された。それに加え、トリウムやウランといった放射性元素を含むので、これらの廃棄物処理も大きな問題となっている。対して南鳥島のレアアース泥は、放射性元素はまったく含んでおらず、環境破壊を起こさない点でも非常に優位である。

最先端産業に必要不可欠なレアアースは、外交や安全保障の面でも影響力が非常に大きい。１章「①北朝鮮」の項でも触れたが、尖閣諸島問題で中国が日本に対しレアアースの輸出制限をした。このとき、レアアースを使う日本企業は、他国から仕入れるために三〇〇〇億円を超える過剰支出を強《し》いられた。日本政府も一〇〇〇億円を超える補正予算を組んで危機的状況に対応している。レアアースをストップさせられたことで、年間四〇〇〇億円を超える損失が生じたのである。

アメリカが必要とするレアアースの八割は中国が供給しているとされるから、米中の貿易摩擦が激化すると、アメリカはレアアースの輸出削減に遭《あ》うリスクもある。すでに中国はそれをちらつかせ始めているらしい。

実のところ中国は、今ほどレアアースが注目されていないころから、戦略物資として認識していた。一九九二年、中国の「改革開放」の旗を振った鄧小平が「中東には石油があ る。中国にはレアアースがある。これを最大限に活かせば、中東の石油よりずっと影響力を持つことができる」と有名な「南巡講話《なんじゅんこうわ》」の中で語っている。国家をあげてレアアースの開発と商業化に取り組んできた結果、市場価格のコントロールも中国が握っているのだ。

しかし、そこに大きなくさびを打ち込むことができるかもしれない。南鳥島周辺の海底で見つかった莫大な量のレアアース泥は、日本が「資源立国」へと転換する可能性を示唆《しさ》している。

「海洋資源大国戦略」への道

今、沖縄では藻類《そうるい》を原料にしたバイオ燃料の開発が進行中である。藻類の一つ、ミドリムシからジェット燃料を精製するプロジェクトが石垣《いしがき》島で行なわれているのだ。防衛省も大きな関心を寄せている分野である。

サトウキビやトウモロコシからつくられるバイオ燃料としては、ガソリンにブレンドするアルコールがすでに実用化されているが、ミドリムシ由来の燃料の特徴は食糧生産と競合しないことだ。したがって、世界的な食糧価格の変動にも影響を受けることがない。また、逆に影響を与えることもない。

東京大学と提携して、藻類からバイオ燃料を産み出す技術の開発と商品化に取り組んでいる最先端企業が、株式会社ユーグレナである。応援する石垣市に拠点がある。

光合成によって二酸化炭素を吸収し、炭素を固定化して燃料を製造するので、化石燃料を燃やして空気中に一方的に二酸化炭素を放出する現在の文明社会とはまったく異なる。究極の循環型エネルギーと言っても過言ではないだろう。

さらにバイオケミカル資源としても期待されており、医薬品への活用や、藻類に凝縮されたレアアースの回収など、付加価値を高めた利用方法も研究が進んでいる。

目下、深刻化しているプラスチックによる海洋汚染にも、藻類の浄化作用が有用とされる。こうした研究成果を踏まえた水産資源の保護や育成活動に、日本はリーダーシップを発揮できる潜在力がある。

「二〇五〇年までに、プラスチックごみによる新たな海洋汚染をゼロにする」というG20大阪サミットでの合意（大阪ブルー・オーシャン・ビジョン）は、非常に無責任と言わざるを得ない。その場で合意した誰もが、二〇五〇年に責任を取らなくてもいいのだから。しかし、未来を生きる私たちの子孫のことを考えると、安心して暮らしていける環境や海洋資源をしっかりバトンタッチしなくてはいけない。

藻類が持つ浄化能力を最大限に活かす方法を、日本が世界に先駆けて提供するなら、当然大きな意味があるはずだ。

医薬品や健康関連分野では、モズクやコンブ、ワカメのねばねば成分に多く含まれるフコイダンという食物繊維が注目を集めている。一九九六年に日本癌《がん》学会で制がん作用があると報告されたことがきっかけだった。その後、肝機能を改善する、血圧の上昇を抑える、アレルギー体質を改善できる、コレステロール値も下げる、抗菌作用もある、といいことずくめであることが判明してきて、内外の医療関係者の注目の的《まと》となった。

糖尿病患者や肥満がとくに多い中東地域から、導入したいという申し出もあるという。

さらに日本では、洋上の風力発電や潮力発電（海洋表面の温度と深部の温度差を利用した発電）など、自然エネルギーと先端技術を組み合わせる研究も進んでいる。つまり実用性が高く、新しい海洋資源戦略として打ち出せる。そうした技術を組み合わせたスマートコミュニティを、海外に売り込んでいくことも十分考えられる。

こうした「海洋資源大国戦略」によって、日本が世界一の評価と経済的な恩恵を実現するのは、決して夢ではない。大いに期待が持てる状況だと自信を持つべきだろう。

国際的な管理体制の整備を急げ

メタンハイドレートにせよレアアースにせよ、中国は日本の海洋資源にひとかたならぬ関心を寄せる。日本の排他的経済水域に我が物顔で入ってくるなど、下心丸出しである。日本のみならず資源を目の前に抱える海洋国家にとって、資源の争奪戦は今後ますます大きな課題になる。いかに開発するのかという技術的な問題とともに、いかに権益を守るかという国防上の難題が持ち上がるだろう。

排他的経済水域では、沿岸国がすべての主権的権利を持つことが認められている。だが、それを破る国が現われたとき、どうやってその権利を守るのか。いきなり軍事的行動に出ることは難しい。先々のことを考えると、今から国際的な管理体制をつくってきちんと対策を講じておく必要がある。

また、インドネシアのバリ島や朝鮮半島の白頭山《はくとうざん》など、太平洋を取り巻く各地で火山の噴火や海底の地殻変動が起きている。日本に大地震をもたらすとされる南海トラフも、その中に含まれる。

地球環境の変動という問題は避けては通れない。また、一国だけではとても対応しきれるものではない。災害に備えると同時に、海底資源の開発や実用化には、安全性や環境を汚染しないように進めることが最重要となる。

自然とともに生きるという価値観を、一〇〇〇年、二〇〇〇年といった長い年月にわたって実践してきた日本こそが、国際社会でイニシアチブを取っていくべきではないだろうか。

個々人の意識の中に大国が住む

現代はアメリカに限らず、〝内向き〟の国々が出現して「自国ファースト」の流れにある。経済力や軍事力で影響を与えられる国が中心となって経済圏をつくる動きも、基本的には自国の利益を確保する方向に進む。それが現代の国に求められる役割なのだから、当然とも言える。しかし、国を超えた個人や企業のネットワークが力を持つようになってくると、この流れ自体が変化してくるはずだ。

そんな時代にも、やはり影響力を持つ国は存在する。ネットワークでつながった空間であれ、構成しているのは人間だから、人間の意識や価値観に訴えかける力の大きさが、その影響力の源泉になる。

かつて「あなたはどこの国民になりたいですか?」と問われたとき、「自由と繁栄のアメリカ!」と答える人が世界中にいた。だが今は、具体的に特定の国名が挙がることはなくなっているのではないだろうか。可能性を持つ国はたくさんあり、その国々が競い合う中で、人を惹《ひ》きつける国が勝ち残っていく——そういう時代だと思う。

惹きつける要素となるのは、たとえば美意識である。

具体例を挙げてみよう。前項で日本のＥＥＺにはメタンハイドレートやレアアース泥が眠っていると述べた。これは地球が長い長い時間の中で産み出してきた財産であって、日本の個人や企業、あるいは国がつくったものではない。こうしたときに、国（日本）の技術で開発はするけれども、恩恵は世界全体で共有するという仕掛けをつくり出せる国が、大国として世界の尊敬を得ることになる。

恵まれた資源を新しい産業に進化させる。あるいは、地球環境を維持・改善する技術で人類に貢献する。そうした決意と行動が、未来に求められる大国の条件であろう。「他国の頭を押さえつけて、自分たちだけ勝てばいい」ではなく、「共生していく仕組みをつくり出せることに喜びを感じる」国である。

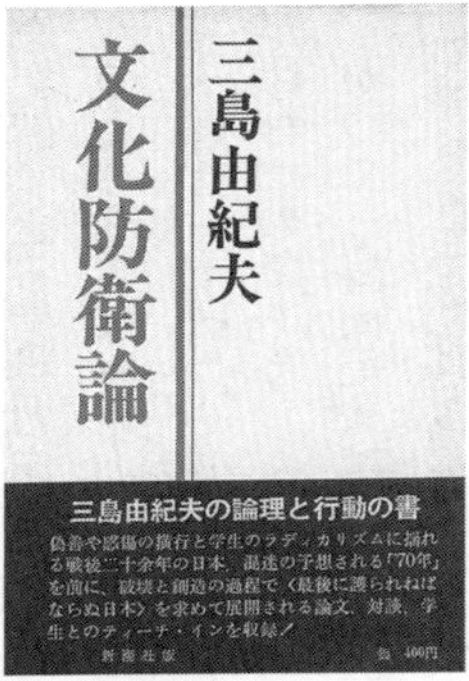

『文化防衛論』
新潮社／1969年初版

理論物理学者のスティーブン・ホーキング博士は、晩年の二〇一七年に「人類に残された時間はあと一〇〇年」と語った。未来の大国とは、その状況を突破できる指導力を発揮できる国、とも言い換えられる。

つまり強大な軍事力、金融や経済の力、資源量、広大な国土と人口をバックに、「自分は大国の一員だ」と威張《いば》る国民がいる国が大国なのではない。「個々人の意識の中に大国が住む」のである。

かつて三島由紀夫《みしまゆきお》は『文化防衛論』を著《あらわ》して、日本が日本として生き残っていくために「創造することが守ること」「文化共同体の理念の確立」などを提唱した。その一節を紹介しよう。


そして自我滅却《じがめつきやく》の栄光の根拠が、守られるものの死んだ光輝《こうき》にあるのではなくて、活きた根源的な力（見返す力）に存しなければならぬ、ということが、文化の生命の連続性のうちに求められるのであれば、われわれの守るべきものはおのずから明らかである。かくて、創造することが守ることだという、主体と客体の合一が目睹《もくと》されることは自然であろう。文武両道とはそのような思想である。現状肯定と現状維持ではなくて、守ること自体が革新することであり、同時に、「生み」「成る」ことなのであった。

＊

かくて言論の自由が本来保障すべき、精神の絶対的優位の見地からは、文化共同体理念の確立が必要とされ、これのみがイデオロギーに対抗しうるのであるが、文化共同体理念は、その絶対的倫理的価値と同時に、文化の無差別包括性を併《あわ》せ持たねばならぬ。

（『文化防衛論』／振り仮名は引用者）

三島は高度経済成長で豊かになった日本に、「自分たちが持っているものは何か」と真《しん》摯《し》に問いかけたのだ。

ネットワークの中にできあがる社会が均質なものになりがちなだけに、文化力や美意識は、人間の心を惹きつける。

終章

超国家の時代

仮想国家、リベルランド

セルビアとクロアチアの国境地帯、ドナウ川の中州を領土とする国がある。正式な国名を「リベルランド自由共和国」という。国土の面積はわずか七平方km。大阪湾に浮かぶ関西国際空港が約一〇平方kmだから、その七割ほどの大きさである。

二〇一五年四月、チェコの政治家のビト・イェドリチカ氏によって〝建国〟された。彼は「国内政治をもっと直接民主主義的なかたちにしたい」と努力したが、既存の政治の枠組みを変えることには無理があった。そこで自身の国家観を実践する理想の国をつくりたい、とグーグルマップで土地を探したらしい。

この中州は、セルビアとクロアチアのどちらも領有を主張していないことが判明し、自分で旗を立てて建国を宣言したのだった。大人の遊びか冗談のようだが、多くの賛同者が現われ、さまざまな分野の専門家も国づくりに協力している。

憲法に謳《うた》われる国家理念は「個人にとって限りなく自由な国」の追求である。個人の権利と責任を重んじ、国は基本的に個人の活動や行為に干渉せず、経済の規制も最小限にとどめる。政治家の力も憲法上、大幅に制限されている。こうした理念に賛同する人は、誰でもネットから市民権の申請が可能だ。認められれば、五〇〇〇ドルを納めて国民になれる。金銭の代わりに労働力や専門知識を提供するという選択肢もある。

申請者はアメリカ人やスイス人が多数を占めたようだが、アラブの人々からの応募も多いという。彼らは国家体制からの抑圧を逃れようとしているのだ。

リベルランドではIT関連の起業を奨励しており、自由なビジネスで繁栄を謳歌《おうか》するのが国としての青写真である。税金はなく、独自の暗号通貨「メリット」をつくって運用することも考えている。新しい金融サービスを模索するとともに、このブロックチェーン技術を電子的な国家運営に導入する試みである。

今、構想されているのは次のような仕組みだ。

・リベルランドの国民は納めた出資金に相応する暗号通貨「メリット」を受け取る。
・選挙の際は、保有する「メリット」に比例する票数を持つものとする。
・個人の自由に対して国は介入しないので、税金もない。
・国民の一人ひとりが直接政治に参加できる。

ただ、未《いま》だリベルランドを国家として承認した国はなく、隣国のセルビア、クロアチアも含め承認していない。仮想空間での国づくりであって、一部の人たちによる思考実験とか、半ば冗談だと受け止められている部分もある。

しかし、これからの展開次第では、こうした「仮想国家」のようなものが連合体を結成して新しい流れを生み出していく可能性はありそうだ。

難民六五〇〇万人の時代、国家は対応できない

今、世界には六〇〇〇万〜七〇〇〇万人、中間値で六五〇〇万人の難民がいる。内戦や紛争、人権侵害、干ばつや飢餓などの理由によって、国を追われた人や故郷を捨てざるを得なくなった人が、それだけ多くいるのである。老若男女、故国に帰ることができない状況になった難民たちは、安心できる場所がない。「アメリカに渡りたい」「イタリアに行きたい」「オーストラリアがいい」など、移住先の希望はあっても、受け入れられるのは非常に厳しい。日本もわずかながら難民を受け入れているが、きわめて消極的である。

現在の国家では解決困難となったこの問題に関して、対症療法ながら手を差し伸べているのは、NPO（非営利団体）やNGO（非政府組織）である。こうした団体が難民の支援活動で中心的存在なのだ。

フェイスブックは、暗号通貨「リブラ」の発表にあたり、難民にとっての利便を取り上げていた。難民になって口座が持てないと自分の資産（多くても少なくても）を安全に保有できなくなってしまう。決済にも困る。その問題を、スマホがあれば解決できる、とアピールしたのだった。

もちろんフェイスブックは営利企業だから、彼らにとっての利益になる事業である。と同時に、難民が視野に入っていることをきちんとアピールする発表だった。

これからは同様の目配りをする企業が増えてくるはずである。さらに、こうした企業や組織がネットワークをつくっていく可能性も高い。

そこから一歩、二歩、あるいはもっと歩を進めた状況を想像すると、誰も住んでいないところに、難民たちが安心して生存できる「国」をつくろうという動きも出てくると思うのである。それも仮想空間ではない「国」である。先のリベルランドは、難民保護が目的ではなさそうだが、その機能も果たすことができそうだ。

NPOやNGO、ネット関連の企業が難民たちを束ね、人材育成を通じて新しい産業にまで取り組んでいけば、従来とはまったく違う国が誕生してくる可能性もある。

夢物語と嗤《わら》う人もいるかもしれない。しかし、現在の常識で未来を見積もっても、あまり意味はない。ことに現代は、ＩＴをはじめとする技術の急速な変化の渦中にあるのだ。ブロックチェーンであれ、ＡＩであれ、ロボットであれ、社会を激変させる要素は枚挙《まいきょ》にいとまがない。

大国の覇権争いは意味を失う

リベルランドに先立つ三〇年ほど前、マイクロソフトのビル・ゲイツ氏やアップルのスティーブ・ジョブズ氏らは、こう予見していた。

「将来はネット内に広がる仮想空間で、何でも自由な取引ができる。自由な発言や行動ができる。国にとらわれずに活動できる」

「パソコンやネットで個人の力が解き放たれる。未来は国なんか関係なくなる」

当時から国境を越えて企業活動をする多国籍企業はあった。だが、製薬や石油化学関連の巨大企業で、個人の才覚が世界を変えると考える人間はまずいなかった。

ＩＴを生み出した天才たちの言葉どおり、世界は大きく変わった。

柔軟で長期的な発想を持つ個人が、企業や組織を率いて技術を進化させてゆき、国の果たす役割を代替する――そうした動きが、世界中で勃興《ぼっこう》している。

アメリカのビジネス誌『フォーブス』は、毎年「世界で最も影響力のある人物」を発表しており、二〇一八年版では七五人が選定された。

そこには、各国の政治家や国際機関のトップとともに、ジェフ・ベゾス氏（アマゾン）、ビル・ゲイツ氏（マイクロソフト）、マーク・ザッカーバーグ氏（フェイスブック）、ジャック・マー氏（アリババ）、ティム・クック氏（アップル）、イーロン・マスク氏（テスラ、スペースX）、孫正義《そんまさよし》氏（ソフトバンク）、馬化騰《マーファテン》（テンセント）、李彦宏《リーヤンホン》（バイドゥ）といった人たちの名前が並んでいる。

彼らの示すビジョンや言動は、国の枠を越えた影響力を持ち始めている。常識にとらわれない想像力や、創造的な破壊力を持った個人が、企業や組織とともに縦横無尽に連携し、ネットワークを構成する時代がすでに始まっている。

こうなると、領土や国民に縛られる国同士の覇権争いは意味を失ってくる。

本書の冒頭からたびたび言及してきた「G20大阪サミット」では、三七の国、国際機関のトップが集まっていろいろと議論はした。共同宣言も何とか採択された。しかしながら、金融、貿易、あるいは環境、人権といった今日《こんにち》起こっている問題の解決への道筋は、本当に得られただろうか。「解決のために、この方向に進むのだ」という、目に見えるような成果があったとは言えないだろう。各国の思惑が絡《から》み合って、身動きができなくなっているのである。

国際連合をはじめとする国際機関はもとより、毎年、さまざまな場所に指導者が集まって国際会議が開かれている。冬のスイスではダボス会議（世界経済フォーラム）、夏は中国でサマーダボス会議、ロシアでは極東経済フォーラム、中国も一帯一路のセミナーを開くなど、要人が参集して議論する場は増えている。しかし、そこで議論したことが実際に効果を発揮するかどうかとなると、はなはだ心もとない。

どこかが責任を持って経過を見届けるという仕組みがない限りは、話し合った事実のみで満足してしまうかもしれず、なかなか前進が得られない。

現状が現状のまま続くのであれば、やはり革新的な技術と常識を超越した発想で、従来の国のあり方とはまったく異なる社会が出現せざるを得ない、と私は考える。

たとえば国民統合という面でなら、すでにＧＡＦＡやＢＡＴのようなプラットフォーマーは、これまで国が果たしていた役割のさらに上を行くサービスを提供している。文化的かつ経済的な影響力は国境を越えて拡大しつつあるのだ。

国を選ぶ、国をつくる

二〇年から三〇年前は夢物語だったようなことが、今は夢ではなくなった。かつての夢物語のほとんどは、スマホ一つで誰もが簡単にできてしまう。スマホのアプリケーションが社会インフラになりうるほど、技術が急速に進化した。それに対して、もっとも遅れているのが、領土・国民・統治機構を必須三要件とする国家観である。すなわち古い概念にこだわる現代の国々である。

少し極端な結論を述べよう。

この先五〇年、一〇〇年先という射程で未来を考えると、大国同士が覇を競っているとは思えない。超大国のない「Gゼロ」の時代、それも一人ひとりが理想の国、理想の空間を構築する時代になっているであろう。

私たちは、自分で選んで日本に生まれたわけではない。偶然、日本に生まれてきたので日本人ではあるのだが、ひょっとしたら中国人になっていたかもしれないし、アメリカ人になっていたかもしれない。まさに偶然で、自分で選んでいるわけではない。成人してから国籍を捨てて別の国に帰化することは可能だが、ハードルは高い。

しかし、未来は臨機応変に「選べる」時代になるだろう。超大国はゼロとなる一方で、個人の可能性は一〇〇にも拡大した。今、私たちが立っているのはそういう時代の入口なのである。

勇気を持って、その扉を押し開《あ》け、新たな世界に足を踏み入れてみようではないか。そのとき、あなたは「未来の大国」へのパスポートを手にすることになるだろう。

西暦二一〇〇年までの未来年表（作成／浜田和幸）

二〇二〇年

アメリカの「自国優先」政策によってアジア太平洋地域が不安定化
アメリカ上空では三万台のドローンが警戒警備を担当
インターネット利用者数が五〇億人を突破
運動能力と耐久力を向上させる遺伝子組み換えの「スーパーバナナ」が誕生
東京オリンピック・パラリンピック開催（アスリートの間でスーパーバナナが大人気）
ドバイで世界博覧会が開催
ポーランドがEUと世界の不平等を解消する新戦略を推進
北極、南極での凍土溶解が急拡大

二〇二一年

アメリカはじめ世界各地で水不足が危機的状況に突入
「空飛ぶ自動車」の普及が始まる（先鞭をつけたのは東京オリンピックの開会式に登場したトヨタの空飛ぶ自動車）
読心術技術がテロ・犯罪対策で導入される
インド初の有人宇宙飛行
トランプ大統領が購入意欲を示したグリーンランドが、デンマークからの独立を目指す

二〇二二年

地球の平均気温が一度上昇
インドの人口が中国を抜き、世界最大の人口大国へ
中国で「北京冬季オリンピック」開催
中国初の宇宙ステーション完成
ドイツは脱原発を完全達成
ドバイで「空飛ぶ無人タクシー」登場
カタールでFIFAワールドカップ開催
水を巡る地域紛争が世界各地で勃発（とくに中東とアフリカ）
ナノテク生地を使ったファッションが流行（着る人の健康を増進）

二〇二三年

中国の習近平国家主席が任期を延長
ブロックチェーン技術が急速に普及
フランスで無人超高速鉄道の運行開始
アラブ・イスラエル戦争の勃発
ゴミ処理能力がパニック状態に（とくにアフリカ）
立体映像テレビが普及

二〇二四年

ロシアのプーチン大統領が続投宣言
ロシア国内で反プーチン運動の激化
世界的に難民急増
アメリカ海軍がレイルガン（超電磁砲）の導入開始
ドイツで「ユーロ博覧会」開催
フランスで「パリ夏季オリンピック」開催
インドネシアの首都移転開始（ジャカルタからボルネオ島東部へ）
「空飛ぶトラック」による輸送革命の始まり
３Ｄプリンティングで人工臓器が完成

二〇二五年

世界的に大不況・大失業時代が到来
クラウドファンディングは全世界で一〇〇〇億ドルを突破
「小型移動式原発」普及
月への有人飛行が活発化し、資源開発に弾み
火星探査も本格化
地球周辺の小惑星の九九％の分析完了（衝突回避への国際的連携）

二〇二六年

ベトナムはデジタル経済大国に躍進

ガソリン車が世界の主要都市で禁止
漁業は養殖が中心となる
バイオテロの脅威が高まる
極超高速ミサイルの実戦配備
スマホ全盛期は終わり、VRが通信でも教育でも主流に
アルツハイマー病の治療法が確立

二〇二七年

カリブ海に輝くバハマは観光資源大国からITブロックチェーン大国へ
海面上昇でモルディブは水没
中国で石炭使用がピークに
3Dプリンター製造の電子膜で心臓発作の防止が可能に
ロボット・ハンドが人間と同レベルに進化
カナダ、アメリカ、メキシコ三カ国共催のFIFAワールドカップが開催

二〇二八年

「ユニバーサル・ベーシック・インカム」導入が拡大
BRICSがG7を経済規模で凌駕
インドのニューデリーが世界最大人口都市に
中国が世界最大の粒子加速器を開発

二〇二九年

東京－名古屋間のマグレブ（磁気浮上式リニア高速鉄道）完成
「ロサンゼルス・オリンピック」開催
紙媒体の新聞が消滅

二〇三〇年

人型人工知能ロボット完成
意識や感情を持つロボットの登場
戦闘機のパイロットもロボット化
小売業やスーパーがほぼ無人化
カカオの減産でチョコレートが絶滅の危機に
コーヒーも贅沢品に
ベトナム人の平均年収が二〇一八年の四倍に増え、一万ドルを突破
北極の氷が完全に溶ける
海水の淡水化が世界的に普及
冷凍保存のマウスの再生が成功
人口爆発は危機的状況に到達（とくにイスラム圏）
6Gの導入開始

二〇三一年
オマーンの国際空港は年間四〇〇〇万人の利用客を獲得（中東、アジア、アフリカの中継拠点となる）
タイの首都バンコクが水没
多年生の小麦とトウモロコシが高収入の源泉に
男女の結婚形態がマイノリティ化

二〇三二年
世界的にシェア経済が深化。車やファッションに限らず、住宅も恋人もレンタルが主流に
サウジアラビアでは電力の三分の一が太陽光発電に
ポリマージェルを使った筋肉強化スーツが登場。一般人がスーパーマンに変身（介護でも活用）

二〇三三年
オマーンが「ドコモ経済特区」内に水産資源開発拠点を設置。漁業大国を目指す
超音速ジェット機が就航（東京－ニューヨーク間が一時間に）
火星ツアーも開始
個人の健康需要に応じた「デザイナー・フード」が登場

二〇三四年
サービス・ロボットの台数が一〇億台を突破

二〇三五年

戦場での主役はロボット兵士に
死者とのホログラフィック対話サービスが開始
ＥＵでは遺伝子組み換え食品が全面禁止（有機食材の奨励）
ベトナムは環境ＩＴ戦略でアジア最強の基盤を確立（「ドイモイ政策」の完成）
人類以外の生命体の存在が確認される
月に人類の活動拠点が建設される
ＥＵ連合は最終的に解体
ロシアが農業輸出大国として復活
肉食時代の終わり

二〇三六年

スポーツ界の主役をサイボーグ選手が独占
筋肉強化インプラントの導入で、足や腕の力が増す高齢者が増加（高齢者の社会参加が活発化）
アルツハイマー病は完全に克服
食糧増産の必要性からタバコの栽培が困難になり、タバコ生産はほぼゼロに

二〇三八年

旧式コンピュータが一斉に機能マヒ障害

複雑な分子の瞬間移動（テレポーテーション）が可能に
世界的に死刑の廃止
犯罪者向けの記憶インプラントが開発される。犯罪性行が矯正されるため、刑務所での服役期間が短縮（あらゆる犯罪者が人格矯正インプラントを埋め込まれ、一日で生まれ変わる）

二〇三九年

先進国では大半の製造業が消滅
アイデアの先物取引市場が活性化
世界的に異常な熱波（オーストラリアではコアラが絶滅）

二〇四〇年

宇宙開発競争で中国がアメリカと肩を並べる
インドが経済力で米中と同レベルに到達
深海での資源開発が急ピッチで展開（日本の排他的経済水域でもレアアース泥の採掘）
アラビア海の資源開発を進めるオマーンが、アジアとアフリカの物流中継基地としても大きく前進

二〇四一年

日本で富士山はじめ火山の大噴火と地震が相次ぐ
壊滅する関東圏を逃れ、北海道と九州へ民族の大移動

二〇四二年

日本の人口は六〇〇〇万人に減少
地中音波送受信装置の開発（地殻変動の監視と火山噴火の制御が目的）
地震解消装置の研究も本格化
世界的に異常な高温状態が拡大

二〇四五年

世界人口は九〇億人を突破
アメリカでは白人がマイノリティに
暗号通貨が経済活動の主流に（貨幣時代の終焉）
レイ・カーツワイル提唱の「シンギュラリティ」元年
人とロボットの一体化（サイボーグ化）が急拡大
AI専用のウェブサイトが起動
個人認証は指紋や眼球から脳波認証に転換
人の記憶の削除や回復が可能に

二〇四六年

日本の人口が六〇〇〇万人を割り込む
脳移植が普及（障がい者やエンターテイナーに恩恵）
自動運転の車が全車両の七〇％に

個人が装着する電子機器が平均二三種類に
感覚産業が台頭（臨死体験もビジネス化）

二〇四七年
香港における「一国二制度」の終焉（中国本土への移行）
医学の飛躍的な進歩で、がんをはじめ大半の病気は予防、治療が可能に

二〇四八年
ベトナムが経済規模で世界トップ二〇入りを果たす
地球温暖化の影響でエベレストにおける氷の半分が溶解
地球上の動植物にも絶滅の危機が迫る

二〇四九年
中国の「一帯一路」計画が完成
中国とロシアが共同で設立する「新社会主義経済公社」が中小国家を買収
イスラエル・ヨルダン国境の死海が干上がる
福島での放射能汚染除去が完了

二〇五〇年
アマゾン流域の熱帯雨林の半分が絶滅
地球温暖化の影響でぶどうの収穫ができず、ワインの生産がストップ
魚類のサイズが四分の一に縮小

二〇五一年

オフィスビルと住宅のインテリジェント化が進行

中国において揚子江から黄河への水移転計画が完了

アメリカの人口は四億人を突破

国家を上回る経済力と影響力を持つ多国籍企業の連合体が、ネット空間に仮想国家を建設

二〇五三年

富裕層の間でデザイナー・ベイビーが人気を博す

ネットギャンブルが組織犯罪の温床に

日本のヤクザは海外進出に活路を求める

二〇五五年

世界人口が一〇〇億人の大台に

コンピュータの能力が全人類の総和を上回る

ＡＩに雇用を奪われた労働者によるデモ発生

二〇五六年

地球の平均温度が三度上昇

農業技術の発展で、食糧は無料での配給が可能に

二〇五九年　石油時代の終焉
月に続き、火星にも人類の活動拠点が建設され、移住が始まる

二〇六〇年　ニューヨークに洪水防止の壁を建設
地中海全域で巨大ハリケーン発生
世界全体に高齢化の波

二〇六二年　拡大する反ＡＩデモに対応するため「人間優先特区」の設立

二〇六五年　延命技術が進化し、高齢者の若返りが可能に
遺伝子ワクチンの開発で運動せずに筋肉の強化が可能に
遺伝子工学が進化。人間の寿命は理論上六〇〇歳まで延びる
ナノテク技術の進化でビルの建設は無人化

二〇六七年　男女の収入が完全平等化

二〇七〇年　世界人口は一二〇億人に増加
平均寿命は一〇〇歳を突破

二〇七一年	イスラム教が世界最大の宗教人口を獲得 地球の平均温度は四度上昇
二〇七二年	ピコ・テクノロジー（一兆分の一）の実用化
二〇七四年	中国の「緑の壁」が完成
二〇七五年	車の運転はすべて自動化（大半の国で人による運転は違法化） ほぼすべての仕事はＡＩとロボットに移行 人は芸術、文化、哲学など創造的な分野に生きがいを見出す
二〇七七年	宇宙エレベーターの運用開始
二〇八〇年	人類とアンドロイドの共存時代の到来 人類と人型ＡＩロボット（アンドロイド）の数が同じに 伝統的農業の壊滅（都市型の野菜・植物工場が主役） 北極熊の絶滅

二〇八一年　大西洋横断トンネルの建設

二〇八二年　アメリカは領土の一部をメキシコに割譲

二〇八三年　原子力発電所の廃止

二〇八四年　警察業務は主にアンドロイドが担当

二〇八五年　地球温暖化が深刻さを増す
世界的に雪と氷の保存拠点を拡大し、気温上昇防止に活用
世界共通通貨の誕生

二〇八七年　木星探査の始まり

二〇九〇年　人類とマシーンの一体化が急速に進化
人類の大半はサイボーグ化
欧米文化から宗教が消滅

二〇九三年	火星に移住した人類が二〇〇万人に
二〇九四年	土星での活動拠点の設置
二〇九五年	各国固有の言語が使われなくなる。AIとコミュニケーション可能な「意識言語」が共通語に（生体組み込みチップで対応）
二〇九六年	アマゾンの熱帯雨林の八〇%が消滅
二〇九七年	全世界で海面上昇が観測される アメリカのフロリダ半島や中国の上海も水没の危機に
二〇九九年	勤労者の平均労働時間が週二〇時間に
二一〇〇年	熱核融合エネルギーの生産開始で、大気圏外装置を通じて太陽エネルギーの直接利用が可能に

切りとり線

★読者のみなさまにお願い

この本をお読みになって、どんな感想をお持ちでしょうか。祥伝社のホームページから書評をお送りいただけたら、ありがたく存じます。今後の企画の参考にさせていただきます。また、次ページの原稿用紙を切り取り、左記まで郵送していただいても結構です。

お寄せいただいた書評は、ご了解のうえ新聞・雑誌などを通じて紹介させていただくこともあります。採用の場合は、特製図書カードを差しあげます。

なお、ご記入いただいたお名前、ご住所、ご連絡先等は、書評紹介の事前了解、謝礼のお届け以外の目的で利用することはありません。また、それらの情報を6カ月を越えて保管することもありません。

〒101-8701（お手紙は郵便番号だけで届きます）
祥伝社新書編集部
電話03（3265）2310
祥伝社ホームページ　http://www.shodensha.co.jp/bookreview/

★本書の購入動機（新聞名か雑誌名、あるいは○をつけてください）

＿＿＿＿新聞の広告を見て	＿＿＿＿誌の広告を見て	＿＿＿＿新聞の書評を見て	＿＿＿＿誌の書評を見て	書店で見かけて	知人のすすめで

★100字書評……未来の大国

名前

住所

年齢

職業

浜田和幸　はまだ・かずゆき

国際政治経済学者。国際未来科学研究所主宰。1953年鳥取県生まれ。東京外国語大学中国科卒。米ジョージ・ワシントン大学政治学博士。米戦略国際問題研究所、米議会調査局等を経て、2010年参院選に立候補し当選。総務大臣政務官、外務大臣政務官兼東日本大震災復興対策推進会議メンバーとして、外交の最前線で活躍する。2020東京オリンピック・パラリンピック招致委員会委員も務めた。ベストセラーとなった『ヘッジファンド』（文春新書)、『快人エジソン』（日本経済新聞社)、『たかられる大国・日本』（祥伝社）をはじめ著書多数。

未来《みらい》の大国《たいこく》

2030年《ねん》、世界地図《せかいちず》が塗《ぬ》り替《か》わる

浜田《はまだ》和幸《かずゆき》

2019年10月10日　初版第1刷発行

発行者……………辻 浩明

発行所……………祥伝社しょうでんしゃ

〒101-8701　東京都千代田区神田神保町3-3

電話　03(3265)2081(販売部)

電話　03(3265)2310(編集部)

電話　03(3265)3622(業務部)

ホームページ　http://www.shodensha.co.jp/

装丁者……………盛川和洋

印刷所……………堀内印刷

製本所……………ナショナル製本

Printed in Japan　ISBN978-4-396-11582-1　C0236

〈祥伝社新書〉
経済を知る

533
業界だけが知っている「家・土地」バブル崩壊
1980年代のバブルとはどう違うのか、2020年の大暴落はあるのか
不動産コンサルタント
牧野知弘

498
総合商社 その「強さ」と、日本企業の「次」を探る
なぜ日本にだけ存在し、生き残ることができたのか。最強のビジネスモデルを解説
専修大学教授
田中隆之

394
ロボット革命 なぜグーグルとアマゾンが投資するのか
人間の仕事はロボットに奪われるのか。現場から見える未来の姿
大阪工業大学教授
本田幸夫

503
仮想通貨で銀行が消える日
送金手数料が不要になる？ 通貨政策が効《き》かない？ 社会の仕組みが激変する！
信州大学教授
真壁《まかべ》昭夫

570
資本主義と民主主義の終焉 平成の政治と経済を読み解く
歴史的に未知の領域に入ろうとしている現在の日本。両名の主張に刮目《かつもく》せよ
法政大学教授
水野和夫
法政大学教授
山口二郎

〈祥伝社新書〉
この国を考える

508
憂国論 戦後日本の欺瞞《ぎまん》を撃つ
対米従属が加速、日本はますます「堂々たる売国」に向かっている
政治活動家 **鈴木邦男**
政治学者・思想史家 **白井　聡**

499
憲法が危ない！
改憲運動に半生を捧《ささ》げた理論派右翼はなぜ今、異議を申し立てるのか
鈴木邦男

351
英国人記者が見た
連合国戦勝史観の虚妄
滞日50年のジャーナリストはなぜ歴史観を変えたのか。10万部突破！
ジャーナリスト **ヘンリー・S・ストークス**

481
アメリカ側から見た
東京裁判史観の虚妄
「ヴェノナ文書」が明かす日米開戦の真実。アメリカで進む、歴史観の転換
評論家 **江崎道朗**

492
世界が認めた「普通でない国」日本
憲法9条は「ジャパニーズ・ドリーム」、天皇は「日本の良心」だ！
前・ニューヨーク・タイムズ東京支局長 **マーティン・ファクラー**

〈祥伝社新書〉
日本と世界

497
日米対等
トランプで変わる日本の国防・外交・経済
トランプ勝利を予測した著者がアメリカ復活を断言、日本の進むべき道を示す
藤井厳喜

487
日本人と中国人
“同文同種”と思いこむ危険
名著復刊！　中国を知り、日本を知る最良の入門書
作家
陳舜臣

486
日本人と中国人
なぜ、あの国とまともに付き合えないのか
名著復刊！　日中関係から読み解く「日本論」であり、すぐれた「日本人論」
イザヤ・ベンダサン／著
作家・評論家
山本七平／訳

408
イスラムの読み方
その行動原理を探る
その成り立ちから精神構造、行動原理までを説き明かす名著を復刊
山本七平
加瀬英明

504
外交官が読み解くトランプ以後
もはや20世紀の常識は通用しない。歴史的大変動を解説する
元・ヒューストン総領事
高岡望